하늘이 열리는
금식기도

김진홍 목사의 금식기도 체험기

김진홍

하늘이 열리는
금식기도

초 판 1쇄 발행 2020년 6월 8일
      2쇄 발행 2020년 8월 5일

지은이 김진홍
펴낸이 강미경
편 집 강미경
사 진 최동묵
디자인 투에스북디자인

펴낸곳 에젤
전 화 010-3594-3929
팩 스 0303-0950-3929
이메일 happyending49@hanmail.net
출판등록 2012년 5월 21일. 제2012-10호
입금계좌 신한은행 110 368 770 566

ⓒ 김진홍, 2020
ISBN 978-89-98058-08-1   03230

에젤 출판사는

◆ 신랑으로 다시 오실 예수 그리스도의 돕는 배필(히브리어 ezer)로서
주님의 길을 준비하는 책을 펴냅니다.

◆ 왕 되신 예수 그리스도를 모시고 가는 나귀(독일어 Esel)의 사명을 감당하는
책을 만듭니다.

금식은 하늘보좌를 움직이는 강력한 힘이요
영성을 높이는 지름길이며
몸과 마음에 최상의 휴식이다.

여는 글　　　　　　　　　　　　　　　　　　　　7

―― **1장 금식기도 체험기**　　　　　　　　　　11

　생애 첫 금식기도로 위장병을 치료받다　　　　13
　신사가 된 흉악범　　　　　　　　　　　　　　19
　남양만에서 1억 4천만 원 빚을 갚다　　　　　　26
　나를 위한 어머니의 금식기도　　　　　　　　　40
　고문후유증으로 다친 몸을 회복하다　　　　　　46
　15년 선고받고 13개월 만에 석방되다　　　　　51
　청계천 판자촌 주민회가 거듭나다　　　　　　　55
　일본 후지산 10일금식수련에 참여하다　　　　　66
　두레자연고등학교 설립자금 5억을 응답받다　　71
　두레국제학교 체육관 건설 14억을 응답받다　　79
　동두천 두레수도원을 열다　　　　　　　　　　87
　역류성 식도염이 치유되다　　　　　　　　　　97

―― **2장 금식의 성경적 근거**　　　　　　　　103

　사무엘의 미스바 금식성회　　　　　　　　　110
　금식기도로 성공한 느헤미야의 개혁운동　　　112
　다니엘의 구국 금식기도　　　　　　　　　　114
　예수님의 40일 금식기도　　　　　　　　　　118
　오순절 성령충만을 기다리는 금식기도　　　　120
　금식기도로 첫 해외선교가 시작되다　　　　　123

3장 금식의 의학적 근거   127

    면역력 강화   129

    자가포식 작용   132

    장수유전자 시르투인   134

    암 예방과 치료   136

    치유사례   139

4장 두레수도원 금식수련회   147

    먼저 안식   154

    말씀 공부   157

      • 쉽게 164 | 즐겁게 167

        깊이 있게 170 | 적용할 수 있게 172

    기도 훈련   175

      • 예수의 기도 182 | 참장기도 193

    산행과 체조   200

      • 체중감소 206

    거룩한 독서   209

      • 힐링코드 211 | 스베덴보리의 위대한 선물 217

        천국의 증거 220 | 거룩한 독서 추천목록 227

    상담과 교제   229

5장 참가자 소감문   233

    두레 금식수련회 일정표   244

닫는 글   246

두레수도원 입구의 십자가

/ 여는 글

나는 장로회신학대학 2학년 학생이던 1971년에 청계천 빈민촌으로 들어가 빈민선교를 시작하였다. 70년대의 빈민촌은 굶주림과 질병과 다툼이 일상화된 비극의 현장이었다.
그 속에서 함께 살면서 선교활동을 펼쳐나가던 나는 주민들의 극심한 가난 앞에서 나 자신의 능력으로는 하루하루를 견디기 어려웠다.
그래서 금식기도를 시작하게 되었다.
빈민촌의 생활이 한계에 달할 때면 나는 흙바닥에 가마니를 깐 교회당 바닥에 엎드려 금식하면서 감당키 어려운 날들을 버텨나갔다.

청계천 빈민촌이 지하철 주차장으로 바뀌면서 철거당하게 되자, 나는 농촌으로 내려가 농사지으며 살기 원하는 지원자들을 모아서 경기도 화성군 남양만 간척지로 집단 귀농하였다.
남양만의 개척생활도 어렵기는 마찬가지였다.

소금땅에서 태양볕으로 소금은 끓어오르는데 비는 오지 않았다.
심은 벼가 속절없이 타들어가는 모습을 지켜보면서
금식하며 기도드리지 않을 수 없었다.
그 시절의 금식기도는 그냥 금식이 아니었다.
하늘을 우러러 죽기 아니면 살기로 목숨 건 몸부림이었다.
"하나님, 비를 주셔서 논바닥에 소금기를 씻어내 주시지 않으면
우린 이 갯벌에서 죽습니다. 하나님, 우리를 굶겨 죽이시렵니까!"
밤 새워 기도드리는 중에 새벽에 비가 내리기 시작하였다.

이렇게 절박하게 금식기도를 드리면서
하늘이 열리고 응답받는 체험이 쌓여가게 되었다.
그런 세월 속에서 나는 금식기도의 위력을 체득하게 되었다.
금식은 하늘보좌를 움직이는 강력한 힘이요
영성수련의 지름길이며
영육 간에 최상의 휴식이었다.

금식수련에 참가하는 이들의 동기는 다양하다.
잠들어 있는 영성을 회복하려는 목적이 가장 많지만
과도한 체중을 줄이거나
담배나 술 등 나쁜 습관을 끊거나
각종 질병에서 치유되기를 원하는 등, 어떤 이유로 참가했든 간에
금식기도수련을 마치고 나면 영적으로 새로워짐은 물론

건강회복에도 탁월한 효과를 체험하고 모두들 행복해한다.
금식기도는 영혼과 정신과 육체의 대청소이자 새출발이다.

개인, 기업, 교회, 나라의 사정을 돌아볼 때 지금은 금식하며 기도할 때다. 위기에 우리가 취할 수 있는 유일한 길은 하늘에 도움을 청하는 것이다. 성경을 보면 삶이 궁지에 몰릴 적마다 믿음의 사람들은 금식하며 기도하였다.
그에 대한 응답으로 하나님은 살 길을 열어주셨다.

지금 한국교회가 제 구실을 못하고 있는 이유를 한마디로 들자면 기도의 부족에서 온다. 제단마다 화려한 장식으로 꾸며져 있지만, 그 제단에 무릎 꿇어 먼저 지도자들이 기도드려야 함은 물론이거니와, 모든 성도들이 우선 실천해야 할 바가 금식하며 회개의 기도를 드리는 일이다.

지금은 기도할 때이다.
금식하며 기도할 때이다.

2020년 6월
두레수도원
목사 김진홍

금식기도의 근본목적은
살아계신 하나님을 만나서 영적으로 새로워지는 데 있다.
성령 받아 기쁨충만, 은혜충만, 감사충만의 경지로 나아가는 것이다.

1장
금식기도 체험기

생애 첫 금식기도로
위장병을 치료받다

나는 고교생 시절에 모범적이지를 못하였다.
교실에 앉아 있으니 지겹기만 하여 무전여행을 나서기로 했다.
주머니에 칫솔 하나 꽂고 헤르만 헤세의 시집 한 권을 들고서 대구에서
부산행 기차를 탔다. 삼랑진 역에 내려 낙동강 둑길을 걸으며 1년 반에
걸친 무전여행이 시작되었다.

걷다가 시장기를 느끼면 마을에 들어가서 일을 도와주며 한 끼 해결하고, 밤이 되면 농가의 헛간 같은 데서 잠을 자며 떠돌다가 진해에 도착하였다. 어느 식당에서 자청하여 심부름하면서 끼니와 잠자리를 해결했다. 그렇게 시작된 무전여행이 마산으로 이어져 약장사도 하고, 돈이 조금 모이면 배를 타고 여수로 가서 바늘장사를 하며 순천까지 다녔다.

그러기를 일 년 반이 지난 어느 날 자신을 돌아보게 되었다.

지금은 내가 어리니 이렇게 다녀도 되지만, 나이 들어서도 마냥 이렇게 다닐 수만은 없지 않겠는가. 집으로 돌아가 공부를 해야겠다는 생각이 들었다. 여수 오동도 동백꽃 나무 아래 앉아 무릎을 꿇고 기도드렸다.
"하나님, 이제 마음잡고 어머니 곁으로 가서 공부하겠으니 날 도와주십시오."

그날로 배를 타고 통영에 내려 버스로 대구 집으로 돌아왔다.
반갑게 맞아주시는 어머니께 "어머니, 그간 실컷 놀고 다녔으니 이제부터 공부하겠습니다" 하니 어머니가 눈물을 글썽이도록 기뻐하시며 말씀하셨다. "그래, 마음 잘 먹었다. 너는 공부하면 크게 쓰임 받을 사람인데 그렇게 방황하고 다니니 내가 니 걱정에 잠을 못 자고 기도드렸다. 이 에미가 얼마든지 밀어줄 테니 마음잡고 공부하거라."

그 길로 공부를 시작하였으나 집중이 되지를 않았다.
2년 가까이 한국 땅이 좁다하고 떠돌아다니다가 책상 앞에 앉으니 쉬울 리가 없었다. 더욱이 기초실력이 없으니 수업시간에 따라가기가 힘들었다. 이래서는 모처럼 결심한 것이 허사가 되고 말겠다는 조바심이 일어나, 이발소로 가서 율 브리너 스타일로 머리카락을 싹 밀고는 들어앉아서 공부에 몰두하였다.
잠을 이기며 공부하기 위해 밤이 되면 잠 안 오는 약 '카페나'를 매일 한 알씩 먹으며 새벽녘까지 공부하곤 하였다.
그러나 이 약이 위장을 망가뜨리는 줄은 몰랐다.

그렇게 기를 쓰고 공부한 덕에 2년 후 지방대학이지만 수석입학하여 4년간 장학금을 받고 공부할 수 있었다.

그러나 문제가 생겼다. 잠 안 오는 약 카페나의 부작용으로 위장병과 불면증에 시달리게 되었다. 병 중에 몹쓸 병이 위장병이다. 차라리 팔 하나가 없는 게 낫지, 소화가 안 되는 건 정말 견디기 어려웠다.

6개월이 넘도록 죽만 먹으며 지내니 신경이 날카로워지고 기운이 바닥으로 떨어졌다. 나중에는 마당에 쫑쫑 뛰어다니는 병아리를 보아도 부러운 생각이 들었다.

'저 병아리는 어쩜 저렇게 위장이 좋아서 자유롭게 다닐까!'

거기에다 불면증까지 겹치니 사람꼴이 말이 아니었다. 그런 날들이 이어져 해를 넘기니 대학 2학년 여름방학 무렵에는 우울증까지 생겼다.

여름방학이 시작되자 나는 결단을 내렸다.

위장병에 정면으로 맞서서 금식기도 드리며 하나님의 도움에 인생을 걸기로 각오하였다. '젊은 나이에 위장병 불면증으로 시들어가서야 되겠나. 차라리 깊은 산 속으로 들어가서 금식기도하며 하나님께 부르짖어 결판을 내야겠다. 이런 상태로는 차라리 죽느니만 못하다.'

이런 생각을 하고는 담요 한 장에 성경 찬송만 들고 대구에서 시외로 나가는 버스를 탔다. 타고 보니 청도행 버스였다. 청도 종점에 내려 무조건 산 속으로 산 속으로 들어갔다. 나무가 무성한 곳을 찾아 두 시간

여를 걸었더니 운문사란 절이 나왔다.
운문사 뒤편에 무성한 소나무 숲이 있었다.

골짜기에 개울이 흐르기에 물 가까이 넓은 바위를 찾아서는 담요를 깔고 기도터로 삼았다. 목이 마르면 내려가 개울물을 마시며, 위장병과 맞닥뜨려 끝장을 낼 각오로 금식기도에 들어갔다.
"하나님, 저의 위장도 하나님이 지으셨습니다. 위장이 이렇게 망가져서 사람구실을 못하고 있는데 그냥 버려두십니까. 고쳐주시옵소서! 이 땅에 태어나서 할 일도 많은데 위장병으로 쓰러져서야 되겠습니까. 하늘과 땅의 기운을 내 몸에 부으시어 회복되게 이끌어주옵소서!"
기도하다가 피곤하면 소나무에 기댔다가 다시 기도에 전념하기를 반복하였다. 제대로 먹지도 못하고 노상 끄윽 끅 트림을 하며 살아가느니 차라리 여기서 죽자는 독한 마음을 먹고 바위에서 버텼다.

그러기를 사흘째 되는 날.
새벽녘에 정신이 가물가물해지더니 온 몸이 굳으며 식어드는 느낌이 들었다. 아하, 사람이 이렇게 죽는 것이로구나, 하는 두려움이 엄습했다. 그러나 한편으론 이 골짜기에서 이렇게 죽을 순 없지, 하는 오기가 생겨 온 힘을 다하여 하나님께 부르짖었다.
"하나님, 도와주시옵소서! 이런 식으로 세상을 하직할 수는 없습니다. 한 번 더 기회를 주옵소서. 젊은 나이에 위장병으로 산속에서 죽어갈 순 없나이다. 하나님께서 은혜를 베푸시어 나를 새롭게 하시고 회복시켜주시면 내 평생 하나님을 섬기는 일꾼이 되겠습니다!"
그러던 새벽 3시경이었다.
갑자기 나에게로 빛이 다가왔다.
그 순간 뜨거운 기운이 온 몸에 솟아올랐다.
살아계신 하나님의 임재하심을 느끼게 되었다.
기쁨과 감격이 온 마음에 넘쳤다. 나는 터져 나오는 기쁨을 견디기 어려워 일어나 춤을 추면서 하나님을 찬양하였다. 마음에 담력이 생기고 내 기도를 들어주신 하나님께 감사하는 마음이 흘러넘쳤다.

날이 밝자 나는 날듯이 산을 내려왔다.
발이 땅에 닿지 않는 듯했다.
청도읍에 도착하니 오전 11시경이었다.
중국요리집으로 들어가 호기있게 주문했다.
"여기 짬뽕 곱빼기로 한 그릇 주세요!"
어느 사이 위장병 환자란 생각은 없어지고 돌이라도 소화시킬 것 같았다. 중국집 주인이 "총각, 아직 점심시간이 안 되었습니다" 하기에 "짬뽕값 두 배로 드릴 테니 한 그릇 부탁합니다" 하니, 탕탕 면치는 소리가 요란하게 나고는 서둘러 상을 차려주었다. 나는 짬뽕 한 그릇을 단숨에 먹어치우고 대구 집으로 왔다. 그날부터 위장병은 씻은 듯이 사라지고, 밤에는 어깨가 바닥에 닿으면 이내 잠이 들었다.
위장병도 불면증도 그날로 이별이었다.
내 젊은 날에 금식기도 중 하나님을 만났던 첫 체험이다.

지금도 금식기도를 드리는 사람들 중에는 체중을 줄이거나, 술 담배 등 나쁜 습관을 끊거나, 당뇨병·고혈압 같은 병을 고치려는 목적으로 행하는 경우가 적지 않다.
그러나 금식기도의 근본목적은
살아계신 하나님을 만나서 영적으로 새로워지는 데 있다.
병이 낫는 것은 그 다음에 따라오는 열매다.

너는 내게 부르짖으라 내가 네게 응답하겠고
네가 알지 못하는 크고 은밀한 일을 네게 보이리라

- 예레미야 33:3

신사가 된 흉악범

1974년 유신헌법을 위반한 죄로 15년 형을 받고 옥살이하던 시절의 이야기다. 나 같은 정치범들은 독방에 배치되었는데, 가끔은 일반수 방으로 합방하는 경우가 있었다.
서울구치소에서 나의 죄수번호는 73번이었다.
어느 날 교도관이 독방에 있는 내게로 오더니 방문을 열면서 "73번 전방이요" 하였다. 방을 옮긴다는 말이다. 간단한 소지품을 챙겨 따라나섰더니 일반 죄수 17명이 있는 방으로 옮겨주었다.
나까지 18명이 있어야 할 방이 3평이 안 되게 좁았다.

교도소에서는 일반죄수를 잡범이라 부른다.
내가 새로 들어간 방의 17명 잡범들 중, 19살에 청부살인을 하고 들어와 18년째 옥살이하는 사람이 있었다. 그러니 내가 만났을 때는 서른일곱이었다. 그와 한 방에서 지내며 나는 사람이 어쩌면 저렇게도 악할 수 있을까 혀를 내두를 정도로 놀랐다. 그는 눈 떠 있는 동안에는 죄 짓는 생각에만 몰두했다. 자면서 꿈을 꾸어도 이를 박박 갈면서 "찔러 찔러" 하고 웅얼거렸다. 그럴 때 옆에 누워 있으면 등골이 서늘할 정도였다.

그는 식사만 마치면 창문 앞에 서서 두 손가락을 꼬부려서는 창밖으로 손을 내뻗었다 오므렸다를 거듭하기에 궁금하여 물었다.
"무슨 운동이길래 그렇게 되풀이하는 겁니까?"
"아, 이거 손가락에 힘 키워서 교도관 눈깔 뽑는 운동이야."
그렇게 답하면서도 그는 그 운동을 멈추지 않았다.
"왜 하필이면 그런 운동을 하세요?" 했더니 인상을 일그러뜨리며 "초짜가 왜 이리 말이 많아!" 하며 오므렸던 두 손가락을 내 얼굴 쪽으로 확 뻗었다. 나는 질겁하여 몸을 뒤로 움츠렸다.

그는 평소에 늘 말하기를 "내 소원이 무엇이냐? 언젠가 출소하게 되면 수류탄 하나를 구해다가 서울 한복판 명동으로 가서 잘 뻗은 냄비(여자) 열댓 명을 모아놓고 수류탄을 터뜨려 장렬한 최후를 마치는 것이여" 했다.
"왜 그런 최후를 생각합니까?" 물었더니 "나 같은 놈은 죄가 많아서 천당 가기는 글렀고 염라대왕께로 갈 낀데, 염라대왕이 냄비를 좋아한다 하니 열댓 명 갖다 바쳐야 거기서도 한 자리 할 거 아니겠나" 하였다.
그러면서 수류탄은 어떻게 구할 것이며, 명동에는 어디에 냄비들이 많을지 연구하곤 했다.

그는 손가락 두 개로 그 방을 완전히 제압했다.
누구든 비위에 거슬리면 눈알을 뽑는다고 달려드니 모두 그를 피했다.

우리 방 수감자 중에는 태권도 7단도 있었다.
태권도 7단 정도면 싸움엔 무적일 텐데도 그에겐 꼼짝 못했다.
그는 7단에게 기분이 상할 때면 눈을 흘기며 말했다.
"너 임마, 태권도 7단이라고 까불어? 잠 잘 때 눈깔을 확 뽑아버릴 테니 알아서 하라구!" 하며 눈 뽑는 시늉을 해대니 당할 재간이 없는 것이다. 아무리 싸움에 능수라도 잠 잘 때 눈 뽑는다는 데야 어쩌겠는가. 그래서 7단도 그에게 빌며 화해를 요청할 정도로 그는 아무도 말릴 수 없는 구제불능이었다.

나는 그렇게 살아가는 그가 무척이나 측은하게 여겨졌다.
'저 사람도 어머니 품에 안겨서 천사 같은 모습으로 젖을 먹던 아기 시절이 있었을 텐데, 어떤 세월을 지났기에 저런 성품으로 변하게 되었을까?' 이런 생각이 들자 그가 사람답게 살도록 도와주고픈 마음이 간절해졌다. 나는 그와 가까이 하면서 편지도 대신 써주고 영치금도 나누어 쓰며 서로 마음을 터놓고 지내는 사이가 되도록 노력하였다.

그러기를 얼마 한 후에 나는 그를 위해 3일을 금식하기로 했다.
그의 인격과 성품이 변할 수 있도록 성령께서 도와주시기를 간구했다.
그는 내가 자기를 위해 금식하리라곤 상상도 못하고 연려해주었다.

"김형, 어디 몸이 편찮수까? 감옥에선 식사 못하는 날이 죽는 날인데…."

3일 금식기도를 끝낸 후 마침 비 오는 날이 왔다.
감옥에서는 비 오는 날이 공치는 날이다.
그런 날은 수감자들이 작업을 나가지 않는다.
아마 빗속에서 도망치는 사고가 날까 우려해서인 것 같다.
그날 나는 그에게 복음을 전하기로 마음먹었다.
창가에 빗줄기 부딪히는 소리를 들으며 정중히 그에게 말을 걸었다.
"이형, 오늘 나하고 이야기 좀 합시다."
"예? 뭔 이야기요?"
"결론부터 말하자면, 우리 주인을 바꿉시다!"
"주인을 바꾸다니요?"
"이형이나 나나 이 좋은 시절에 왜 징역살이하고 있겠습니까? 주인을 잘못 정했기 때문이에요. 우리가 우리 자신을 주인으로 정하고 살았을 때는 사고뭉치가 되어 징역살이하게 되었는데 이 주인을 바꾸자는 겁니다. 나 대신에 예수를 새 주인으로 모시면 새 주인 예수께서 우리를 도우셔서 새 사람 새 성품으로 바꾸어주십니다.
성경에 요한복음이라고 있는데 1장 12절에 이런 말이 있습니다. '영접하는 자 곧 그 이름을 믿는 자들에게는 하나님의 자녀가 되는 권세를 주셨으니', 여기서 영접한다는 말은 모신다는 뜻입니다. 예수를 새 주인으로 모시는 사람, 즉 예수를 믿는 사람은 하나님의 아들이 되는 자격을 준다는 말씀이지요.
이형도 지금까지는 자신이 주인이 되어 고단한 세월을 살아왔는데, 이제부터 예수님을 새 주인으로 모시고 새출발합시다. 그러면 예수님의 영이신 성령님께서 마음에 머무시며 새롭게 살아갈 힘을 주십니다."

내가 간절히 권하는 동안에 그는 정신을 모으고 들었다.
내가 말을 마치고 나니 그가 착 가라앉은 목소리로 물었다.
"나 같은 잡배도 예수 믿을 수 있갔시오?"
나는 그의 그 말 한 마디에 힘이 솟았다.
그에게서 그런 말이 나온다는 것 자체가 기적이었다.
"믿을 수 있고말고요. 예수님은 범생이나 잘난 사람들을 위해 오신 게 아닙니다. 잡배나 문제아들의 친구가 되려고 오셨습니다. 신앙의 세계는 건달 잡배들이 신사로 바뀌는 세계입니다."
"그렇다면 김형이 날 예수쟁이로 만들어 사람 되게 이끌어주시구려. 나는 그저 김형 시키는 대로 할 테니…."
나는 그의 두 손을 잡고 예수님을 영접하는 기도를 드리고 나서 그를 위해서도 간절히 기도하였다.

그 후로 그는 변했다.
눈뽑기 운동도, 명동냄비 이야기도 사라지고 진지한 구도자의 자세로 바뀌어갔다. 나는 그에게 찬송가를 가르쳐주고 기도해주며 성경 읽는 요령도 일러주었다.

그가 그렇게 변화되어가니 방 분위기도 완전히 달라졌다.
서로 염려해주고 장래걱정도 하며 신앙생활에 관심을 보였다.
그러던 중 내가 갑작스레 교도소를 옮기게 되었다.
그가 내 앞에 무릎을 꿇은 채로 눈물을 글썽이며 말했다.
"선생님, 감사합니다. 선생님은 크게 성공하실 겁니다.
떠나시기 전에 제 이야기 몇 마디만 들어주십시오.
선생님, 저를 인간되게 해주셔서 고맙습니다. 선생님을 만나기 전에는 내가 지은 죄는 생각지도 않고 나를 감옥에 넣은 세상만 원망했습니다. 그러나 선생님을 통해 예수님을 알게 된 후로는 옛날 생각은 눈 녹듯이 사라지고, 이제는 사람답게 살아야지 하는 생각만 하고 있습니다. 저도 언젠가 세상으로 나가면 길에 떨어진 휴지를 줍더라도 뭔가 세상에 도움 되는 일을 하며 살겠습니다.
김 선생님, 고맙습니다. 앞으로 좋은 일 더 많이 해주십시오."

그의 말에 내 눈시울이 뜨거워졌다.
나는 그의 변화되어가는 모습을 보며 신앙이 갖는 힘에 다시 한 번 놀랐다. 이 사회가 그에게 준 것은 그가 지은 죄의 대가로 18년의 감옥살이와 그로 인해 더욱 험악해진 인격이었다. 그러나 예수께서 그에게 주신 것은 감사와 기쁨, 그리고 새출발할 수 있는 용기였다.
이런 기적의 바탕에 금식하며 드린 기도가 있었다.

동두천 두레마을 약초밭의 작약

남양만에서
1억 4천만 원 빚을 갚다

내 나이 서른아홉 되던 해다.

경기도 화성군 남양만에서 주민들의 소득을 높인답시고 호주에서 소와 돼지를 수입하는 사업을 진행하였다. 엥거스란 이름의 비육소 560마리, 젖소 460마리, 종돈 92마리를 수입해서 농민들에게 배분하여 축산단지를 조성하는 일이었다.

김진홍 목사 이름으로 농협에 구좌를 열고 지역농민들에게 소값을 입금하게 하였다. 교회를 믿고 나를 믿는지라, 농민들이 형편에 따라 몇 마리씩 정하여 투자했다. 호주에서 소와 돼지를 실은 배가 출항했다는 전보를 받으면 소값이 호주 회사로 넘어가는 절차였다.

잘 진행되다가 수송과정에서 호주 측의 실수로 사고가 발생하였다. 책임문제로 다툼이 일어나 시끄러워지자 나는 호기롭게 나서서 "책임은 다 내가 질 테니 여러분은 각자 자기 일을 열심히 하시고 다투지 맙시다" 하고는 험악한 분위기를 가라앉혔다. 1억 4천만 원 전체를 책임진다고 선포했으니 그만 내가 빚쟁이가 되고 말았다.

소값을 낸 농민들에게 돈을 돌려주지 못하자 농민들이 주일예배에 몰려와서 행패를 부리는 어려운 처지에까지 이르렀다. 어느 주일에는 교인 숫자보다 빚쟁이 숫자가 더 많을 정도였다. 그들은 예배시간에 뒷자리에 줄을 지어 앉아서는 내가 설교할 때면 훼방을 놓았다.
"김 목사, 말은 잘하는데 빚을 갚아야제."
설교를 마친 후 "기도드리겠습니다" 하면 "거, 천당에 전보치소. 빨리 돈 좀 보내라고 전보치시라요" 하며 소동을 피웠다.
이러니 예배가 제대로 될 리 있겠는가.

견디다 못해 빚쟁이들이 사는 마을로 찾아갔다.
대화를 하며 기다려달라는 말을 하러 갔으나 사정은 내 생각과 달랐다. 유난히 강하게 설쳐대는 한 사람이 나를 마을 한복판에 세우고는 주민들에게 말했다. "마을사람들요, 다 이리 모이시오. 오늘 이 사기꾼 목사 버릇 좀 들입시다."
부녀자들과 아이들까지 모여들었다.
그러자 그는 마치 약장수처럼 소리를 높였다.
"여러분, 이 김진홍이란 자는 목사가 아니라 사기꾼입니다요. 교회를 앞세우고 소값을 받아다가 서울에 집 사놓고 선량한 농민을 울리는 잡니다. 오늘 이런 사기꾼 버릇을 들입시다. 옷을 홀랑 벗겨서 사기꾼 목사가 어떻게 생겼는지 구경 좀 합시다."
그러더니 장정 둘이 양편에서 내 팔짱을 끼어 붙들고는 옷을 벗기기 시작했다. 먼저 상의를 벗겨 높이 쳐들고 말했다.
"여러분, 이건 사기꾼 김진홍 목사의 윗도리입니다. 이 옷을 얼마에 파느냐, 단돈 만 원. 만 원을 다 받느냐, 꺾어 오천 원에 떨이합니다."
그러면서 내 옷을 하나씩 벗기려 드니
나는 난감하여 눈을 감은 채로 기도만 드렸다.
"하나님, 이 자리에서 하나님 영광 가리우지 않게 지켜주십시오."
그렇게 기도하는 외에 내가 할 수 있는 일이 없었다.
밀고 당기고 실랑이를 한창 하는 중에 마을 어른들이 그들을 꾸짖었다.
"야 이 사람들아, 사람을 그리 대하는 게 아니여.
그래도 목산데 그리 함부로 하면 동네 인심 사나워져 쓰겠는가."
어른들이 이렇게 말려주시는 덕에 겨우 위기를 벗어날 수 있었다.

그러나 날이면 날마다 빚쟁이들이 몰려와서 시달리니 내가 감당하기엔 너무 벅찼다. 이 상태가 계속되다가는 끝이 나지 않겠다는 생각에, 달 밝은 밤 남양만 바다를 막은 제방으로 올라갔다.
'다른 도리 없다. 나 하나 바닷물로 들어가 끝장내는 거다.'
모진 마음을 먹고 제방 위에 신발을 벗어놓고는 바다 쪽으로 다가가다가 정신이 번쩍 들었다.
'내가 아무리 실패하여 궁지에 몰렸기로서니, 바닷물에 빠져 죽는 목사가 될 수는 없지.'

다시 제방을 내려오면서 다짐하였다.
'죽어도 기도하다 죽어야지, 물에 빠져 죽을 순 없는 거다.'
교회당으로 돌아와 한켠에 있는 기도실로 들어갔다.
문을 안으로 닫아걸며 스스로 각오했다.
'이제 세상길은 다 막혔으니 하늘길을 찾는 거다.
여기서 금식하면서 하나님을 만나 결판을 내는 거다.
하나님을 못 만나면 이 자리에서 죽는 거다.
바다에 뛰어들어 죽느니 기도실에서 기도하다 죽자.
어차피 이런 상태로 계속 갈 수는 없다.'

나는 방석으로 창문을 가려 어둡게 한 다음 벽 앞에 꿇어앉았다.
기도를 시작하려다 다시 밖으로 나가 집사 한 분을 불러서 일렀다.
"내가 이 방에서 하나님을 만나야겠으니 나를 방해하지 마세요.
내 발로 나오기 전에는 아무도 나를 건드리지 마세요.
예배당에 불이 나도 날 찾지 마세요.
여기서 하나님 만나는 데 목숨 걸었으니 그리 아세요.
하나님을 못 만나면 이 방에서 죽을 작정이니
물도 음식도 들여보내지 마시고 그냥 두세요."

집사는 숙연한 표정으로 말했다.
"예, 목사님 잘 알겠습니다. 우리도 밖에서 금식기도에 동참하겠습니다.
하나님께서 목사님의 진심을 아시니 응답하실 줄로 믿습니다."

나는 다시 방으로 들어가 벽 앞에 앉아서
혼을 기울여 기도드리기 시작하였다.
"하나님, 억울합니다. 제가 잘 하지는 못했다 할지라도 최선을 다한 것
은 하나님도 아시지 않습니까? 나 자신을 위해 돈 한 푼을 챙겼습니까,
땅 한 평을 샀습니까? 그런데 제가 이 지경에 이르도록 보고만 계십니
까? 그래도 명색이 하나님의 일꾼인데 세상사람들에게 이렇게 곤욕을
치르도록 그냥 두십니까? 오늘 이 자리에 나타나주십시오. 그렇지 않으
면 나는 여기서 기도하다 죽을랍니다."

이렇게 기도를 시작했는데 얼마 지나지 않아 눈물이 하염없이 흘러내
렸다. 가슴 속 깊은 곳으로부터 슬픔이 솟아올라 걷잡을 수 없었다.
그렇게 한참을 울고 나니 마음이 차분해졌다.
나는 구약성서 열왕기하 20장에 나오는 히스기야 왕의 이야기를 생각
했다. 히스기야가 병들어 죽게 되자 그는 벽을 향하고 앉아 죽기를 작
정하고 눈물로 기도드렸다.
여호와께서 그의 눈물을 보시고 기도를 들으시고 응답하셨다.

> 그때에 히스기야가 병들어 죽게 되매…
> 히스기야가 낯을 벽으로 향하고 여호와께 기도하여 이르되
> 여호와여 구하오니 내가 진실과 전심으로 주 앞에 행하며
> 주께서 보시기에 선하게 행한 것을 기억하옵소서 하고
> 히스기야가 심히 통곡하더라…

> 여호와의 말씀이 내가 네 기도를 들었고 네 눈물을 보았노라
> 내가 너를 낫게 하리니…
> 내가 네 날에 십오 년을 더할 것이며 - 열왕기하 20:1~6

나는 이 말씀을 기억하고 지금 내가 벽 앞에 앉은 히스기야라 생각하면서 울며 기도드렸다.

"하나님 아버지, 저는 히스기야처럼 15년 생명을 연장 안 해주셔도 좋습니다. 지금 죽어도 괜찮습니다. 다만 제가 바라는 것은 저를 믿고 돈을 낸 농민들에게 손해가지 않게 해주시고, 지난 10년 동안 제 청춘을 걸고 세운 이 교회 간판을 내리지 않게만 해주십시오.
하나님, 이 교회가 제 교회가 아니고 하나님의 교회 아닙니까?
제 생명은 거두어도 좋습니다만 교회만큼은 지켜주시옵소서.
피해입은 농민들에게 보상할 수 있는 길을 열어주옵소서."

나는 그렇게 울며 기도드렸다.

음식은 물론 물도 마시지 않은 채 밤낮을 잊고 기도했다.

그런데 5일째쯤 되는 날, 밖에서 문 두드리는 소리가 났다.
나는 그 소리를 무시하고 그냥 기도에 열중하였다.
방안에서 반응이 없자 밖에서 부르는 소리가 들렸다.
"목사님, 서울에서 누가 찾아오셨는데요."
"나를 찾지 말고 그냥 두라 했잖습니까!"
"그건 아는데요, 어떤 여사분이 와서 목사님을 꼭 뵙겠답니다."

아니, 이 판국에 내가 여자를 만나게 되었는가.
관심이 생길 리 없었다.
"집사님, 그냥 돌려보내십시오. 나를 방해하지 마세요.
지금 내가 누굴 만날 처지가 아닙니다."
잠시 밖에서 웅얼웅얼하는 소리가 나더니 다시 말했다.
"목사님, 몇 마디만 드리면 된답니다. 잠깐 나왔다 들어가시지요."
"그렇게 꼭 할 말이 있으면 밖에서 하라 하십시오."
그러자 차분한 여자의 목소리가 들려왔다.
"김 목사님, 지금 어려움이 있으시지요?
그 일 때문에 제가 왔습니다.
로마서 8장 12절과 13절 말씀을 읽어보십시오.
그 말씀에 해결의 길이 있을 겁니다."

그 말을 듣고 내 마음이 뜨악했다.
뭔 여자가 목사에게 성경을 읽어라 할까, 그야말로 귀신 앞에 머리 푸는 격이지, 하는 생각이 들어 기분이 내키지 않았다. 그러나 막상 성경 몇 장 몇 절을 읽어보라고 구체적으로 말하는데 안 읽기도 마음이 편치 않기에, 일어나 전등을 켜고는 성경을 찾아들었다.
그동안 깜깜한 중에 있었던지라 글자가 잘 보이지 않았다.
나는 눈을 비벼 시력을 되찾은 후 일러준 구절을 읽었다.

그러므로 형제들아 우리가 빚진 자로되

> 육신에게 져서 육신대로 살 것이 아니니라
> 너희가 육신대로 살면 반드시 죽을 것이로되
> 영으로써 몸의 행실을 죽이면 살리니 – 로마서 8:12~13

이 말씀을 읽으며 맨 먼저 떠오르는 생각이 '아니, 성경에도 빚쟁이에 대한 말씀이 있네!' 하는 것이었다. 나는 기독교 가정에서 태어나 목사가 되기까지 로마서를 수십 번 읽었을 것이다. 그러나 전에 이 부분을 읽을 때는 빚진 처지가 아니었기에 그냥 지나쳤지만, 농민들을 돕는답시고 큰일을 벌였다가 1억 4천만 원 빚을 지고 빚쟁이들로부터 고초당하는 지경에 이르고 보니 이 구절이 마음에 와닿았다. 그래서 '아하! 성경에도 빚쟁이에 대한 구절이 있구나' 감탄하며 다시 읽었다.

"그러므로 형제들아 너희가 빚진 자로되"
이 말씀이 나 자신의 입장에 맞추어 읽혀졌다.
"그러므로 김진홍 목사야, 네가 1억 4천만 원 빚진 목사로되"
그 다음 말씀을 읽을 때 성령께서 내 마음에 깨달음을 주셨다.
"육신에게 져서 육신대로 살 것이 아니니라."
이 구절을 읽으니 '아하, 내가 영적인 목회를 하지 못하고 그동안 육신에 속한 목회를 했구나!' 자성하는 마음이 일어났다.
'그래, 내가 영으로 살아야 할 목사가 되어 육으로 살았구나. 성령께서 나에게 이런 깨우침을 주시려고 이번 시련을 겪게 하시는구나!'

나는 농민들을 돕고자 하는 의도는 좋았는데 성직자로서의 고유한 업무에는 소홀하였다. 주민 조직하는 일, 소 도입하여 젖소단지 만드는 일, 양돈단지 세우는 일 등으로 너무 바쁜 나날을 보냈다.

그렇게 정신없이 지나다 보니 기도생활에 나태해졌고 설교준비를 대충하게 되고, 무엇보다 교인들의 영적 요구에 둔감하였다.

어떤 날은 수요예배에 설교를 미처 준비하지 못한 채로 강대상에 올라가, 성도들이 찬송 부르는 동안에 그날 전할 성경본문을 찾는 경우까지 있었다.

이런 식으로 목회를 하니 성령께서 기뻐하시지 않는 것은 당연했다.

어느 날 권사 한 분이 열을 내어 내게 따지듯이 말했다.
"김 목사님, 정신 차리시라요!"
"왜요? 내가 뭐 잘못한 일이라도 있나요?"
"도대체 목사님은 맨날 소 돼지만 따라다니고, 교인이 목사님 만나기가 이렇게나 힘들어서 되겠나요?"
"예, 권사님 조금만 더 참으십시오. 이번 소 일만 마치면 제자리로 돌아갈 겁니다."
"아니, 목사님! 소 돼지 소리 그만하세요. 목사님은 소 목산지 사람 목산지 구별을 못하겠구만요. 목사님, 그렇게 소 돼지에만 신경쓰고 교인들을 돌아보지 않으면 하나님께서 목사님을 치실 겁니다."
"아니, 권사가 목사한테 공갈치는 거 같은데요."
"공갈이 아니라 그리될 껍니다. 나중에 후회하지 마시고 빨리 툭툭 털고 목사자리로 돌아오세요."
이런 대화를 나눈 것이 얼마 전이었다.
나는 육신으로 살았다는 로마서의 말씀이 나 자신에게 이르시는 말씀으로 받아들여져 깊이 반성하게 되었다.
그러나 반성했다고 빚더미가 없어지는 것은 아니었다. 이런 갈등과 참회의 마음으로 다음 절을 읽을 때 해결의 실마리가 보였다.
"너희가 육신대로 살면 반드시 죽을 것이로되
영으로써 몸의 행실을 죽이면 살리라."
육신으로, 세상적인 방법으로 하면 반드시 실패할 것이로되
영으로, 하나님의 방법으로 하면 살길이 열린다는 말씀이었다.

나는 그 자리에서 무릎을 꿇고 회개의 기도를 드렸다.
"하나님, 제가 잘못했습니다. 하나님의 이름을 앞세우고는 사람의 방법과 수단에 매여 뛰어다녔습니다. 하나님의 종이라고 사칭했습니다.
저를 용서해주시옵소서."
기도드리는 중에 눈물이 쏟아졌다.
참회의 기도를 드리는 중에 마음에 평안이 임하고
어깨를 짓누르던 부채의 부담이 사라졌다.
홀가분해진 마음으로 감사기도를 드릴 수 있었다.
"하나님 아버지, 저를 이 속박에서 풀어주시니 감사합니다. 저를 깨우치시려고 이번 시련을 주신 줄 알았습니다. 등록금이 비싸긴 합니다만, 제가 워낙에 육적인 사람인지라 스스로 깨닫고 부서지려면 이렇게 강한

방법이라야 하겠기에 고난을 허락하신 줄 알고 감사드립니다. 이제부터 기도하고 말씀 붙들고 성령의 도우심을 구하며 영적인 삶으로 돌아가겠습니다. 목사답게 영적으로 살겠습니다. 저를 이끌어주시옵소서."

이렇게 기도드리고는 홀가분한 마음으로 기도실을 나왔다.
기도실에서 죽을 각오를 하고 금식기도 하다가
응답 받고 나오는 발걸음은 행복하기 그지없었다.
그날이 금요일이었다.
이틀 후 주일에 예배드릴 때 나는 진지하게 교인들에게 말했다.
"여러분, 그동안 저의 허물로 성도 여러분까지 고생이 많았습니다. 이번에 우리 교회가 당한 고통은 전적으로 제가 잘못하여 일어난 일입니다. 제가 여러분 앞에서 회개합니다.
지난 주 금식하며 기도드리는 중에 로마서 8장 12절과 13절 말씀을 통하여 저 자신의 잘못된 모습을 보게 되었습니다. 제가 하나님 보시기에 합당한 영적인 목사가 되지 못하고 세상적이고 육적인 목사가 되었기에, 하나님께서 나를 꾸지람하시려고 이런 어려움을 겪게 하셨습니다."
내가 눈물을 훔치며 이렇게 말하니
교인들도 함께 눈물을 흘리며 응답했다.
"목사님이 뭔 잘못이 있습니까. 다 교인 살리고 마을 살리려고 하신 일인데, 그렇게 오해만 받고 고생하셔서 우리 맘이 아픕니다."

나는 눈물을 닦으며 힘주어 말했다.

"여러분, 우리 이제부터 새출발합시다. 그간에 육으로 살려다가 영도 육도 곤비케 되었으니 이제 영으로 살아가기를 다짐합시다. 다른 생각 말고 예수님만 붙들고 나갑시다. 교회를 다시 일으키고 하나님의 백성답게 삽시다. 하나님께서 보내신 이 소금땅 남양만에서 개척자로 살다가 죽을 각오를 합시다. 훗날 우리 손자손녀들 대에 이르러 우리 할아버지 할머니들이 흘린 땀과 눈물이 오늘의 부유한 농촌, 은혜로운 교회를 이루었다고 말할 수 있게 합시다!"
내 말에 모두 한 목소리로 "아멘, 할렐루야!"로 응답했다.
감격의 눈물을 흘리며 우리는 찬송가 280장을 불렀다.

> 천부여 의지 없어서 손들고 옵니다
> 주 나를 박대하시면 나 어디 가리까
> 내 죄를 씻기 위하여 피 흘려주시니
> 곧 회개하는 맘으로 주 앞에 옵니다

우리는 이 찬송가를 부르고 또 불렀다.
두 손을 들고 눈물을 흘리며 불렀다.
부르고 부르다 흐느낌으로 통곡하며 예배를 마쳤다.
그 후 나 자신은 물론 교인들까지 믿음이 새로워졌다.
활빈교회는 몰라보게 변했다.
나와 교우들은 마음을 합해 기도하고 은혜를 사모하며
영적인 교회를 이루어나가는 데 힘썼다.

다음 날부터 기적이 일어나기 시작하였다.

교인들이 활기를 되찾고

교회 나오기를 멈추었던 분들이 다시 모여들었다.

평생 갚을 수 없을 것 같던 빚더미가 줄어들기 시작했다.

어느 날 우체국에서 돈을 찾아가라고 연락이 왔다. 무슨 돈인가 싶어 가보니 일본에서 출간된 내 책〈새벽을 깨우리로다〉가 베스트셀러가 되어 제법 거액의 인세가 들어와 있었다. 그 일을 시작으로 1억 4천만 원 빚을 하나님께서 봄눈 녹듯 갚아주셨다. 그 빚 갚은 이야기를 다하자면 밤 새워 하여도 시간이 모자랄 것이다.

그때 나를 찾아와 "목사님, 어려운 일 있으시지요? 로마서 말씀을 읽어보십시오."라고 일러주었던 그 여인은 지금 내 아내가 되어 있다.

기적은 분명히 오늘에도 있다.
육으로 살던 우리가 영으로 살기로 삶의 방향을 바꾸면
하나님께서 기적으로 응답하신다.

나를 위한
어머니의 금식기도

내가 그나마 사람구실하며 살아가는 것은 어머니의 기도의 열매라 생각한다. 8년 전에 하늘나라로 옮기신 어머니는 평생 기도의 어머니셨다. 내가 6세 때 아버지가 일본에서 돌아가신 후 어머니는 우리 4남매를 삯바느질로 기르시며 기도로 사셨다.

어린 시절 우리는 어머니께서 달그락 달그락 재봉틀 밟는 소리를 들으며 잠들고, 아침에도 재봉틀이 돌아가는 소리를 들으며 깨곤 하였다.

어머니는 바느질 일감이 밀릴 때면 한밤중에 나를 깨우시곤 하였다.
"홍아, 일어나 찬송 한 곡 불러라. 에미 잠 온다."
그러면 철없는 나는 어머니께 불평했다.
"어머니, 왜 자꾸 나만 깨우세요. 형이나 동생도 고루 깨우셔야지요."
이렇게 볼멘소리로 항의하면 어머니께서 일러주셨다.
"홍이 니는 목사될 사람 아니가. 그러니 너를 깨우는 거다."

"어머니, 나는 목사는 안 될 낍니더."
"니가 무슨 소릴 해도 목사될 끼다. 내 기도가 이루어질 끼다."
그렇게 어머니는 새벽마다 내가 목사가 되도록 눈물로 기도드리셨다. 어머니의 기도소리는 곧 방언기도로 바뀌고, 얼마 후 그 방언은 방언찬송이 되곤 하였다. 잠결에 어머니의 방언찬송을 들으면 마치 하늘에서 들려오는 천사의 노랫소리처럼 마음에 따스함과 평안을 주었다.

내가 남양만에서 목회하던 때 어머니를 모시고 있었다.
앞에서 쓴 바와 같이 젖소 양돈 단지를 만들어 주민소득증대사업을 펼쳤다가 큰 빚을 지고 고생할 때, 내가 빚쟁이들에게 시달리는 모습을 곁에서 보시고는 금식기도를 시작하셨다. 1월 추울 때였다.
날도 추운데 금식하시려는 어머니가 염려스러워 나는 간곡히 말렸다.
"어머니, 노인이 이런 날씨에 금식하시면 몸 상합니다.
잘 드시고 편안히 지내십시오."
그러면 어머니는 "이 에미가 아들 목사 위해 도울 것이 기도밖에 더 있겠냐. 말리지 마라. 내 건강은 내가 알아서 하마" 하시며 금식기도를 멈추지 않으셨다. 나는 마음이 쓰여 아침저녁으로 "어머니, 괜찮습니까? 웬만하면 그만하시지요" 문안드리며 금식을 멈추시길 권했다.

그런데 어머니가 금식 4일째쯤 되는 날 새벽기도 후에
내 방으로 오셔서 밝은 얼굴로 말씀하셨다.
"김 목사, 내 오늘 금식기도 마쳤다."

"어머니, 무사히 마치셔서 다행입니다. 어머니께서 저 때문에 이 추운 날씨에 금식하시는 게 많이 부담이 되었습니다."
"그래, 이제 안심해라. 내가 금식을 끝낸 것은 오늘 새벽에 기도할 때 영음(靈音)을 들었기 때문이다."
영음을 듣는다는 말은 하나님의 음성을 직접 듣는 경우를 일컫는다.
나는 궁금하여 어머니께 물었다.
"그래요? 어머니, 무슨 음성을 들으셨는데요?"
"기도 중에 하나님이 이르시기를, 아들 목사가 지금은 어려우나 마흔두 살이 지나면 괜찮아지느니라 하셨다."
나는 이 말을 듣고 의아하여 물었다.
"어머니, 좀 이상하네요. 혹시 노인이 금식하시느라 기운도 없고 하여 테레비 소리를 헛들은 거 아닌가요?"
"니가 내 말을 안 믿는구나. 그게 하나님의 음성이란 증거가 있다."
나는 더욱 의아해서 여쭈었다.
"어머니, 증거가 있다니요? 하나님의 음성이 팩스로 온 것도 아니고 녹음이 된 것도 아닌데 무슨 증거가 있을 수 있습니까?"
"내가 증거라고 하는 것은 그 음성을 들은 후에 내 마음이 평안하고 기쁨이 왔기 때문이니라."

신앙생활을 하면서 은혜의 체험을 해본 사람은 안다.
성령님이 임하시면 주로 세 가지 확신이 함께 임한다.
마음에 넘치는 기쁨과

입술에 터져 나오는 찬양과
온 몸으로 솟구치는 감사다.
어머니께서 하나님의 음성을 들으신 후 마음에 기쁨과 감사가 넘치게 되었으니, 이것이 바로 기도에 응답받은 증거인 것이다.

나는 긴가민가하면서도 더 묻지 않고 그냥 넘어갔다.
그런데 그 이후로 마치 실타래 풀리듯이 문제가 해결되어 가더니 그 많던 부채도 다 갚아버리고, 2년이 지나서 42세 되던 해 초부터는 생각지도 않았던 길이 열리기 시작하였다.
그래서 어머니께 "어머니, 2년 전에 금식기도하시다 영음 들으셨다는 말이 이제 지나보니 일리가 있네요. 그때 일러주신 대로 마흔두 살 되고부터는 모든 일이 물 흐르듯이 잘 풀려나갑니다." 했더니 어머니께서 환한 얼굴로 "그럼! 하나님의 약속인데 여부가 있겠냐. 나는 그 일을 한 번도 의심해본 적이 없다" 하시면서 나에게 한 가지 충고를 하셨다.
나는 지금도 그때 어머니의 충고를 잊지 않고 살아간다.

"아들 목사야, 이 에미가 너에게 꼭 일러줄 말이 있다. 내가 보기에 너는 다 좋은데 기도가 부족하다. 목사가 무릎 꿇고 기도드리는 시간이 많아야지, 넌 장사꾼처럼 가방 들고 뛰어다니기만 하니 영적인 목사가 되겠느냐? 일하는 시간을 줄이고 기도하는 목사가 되거라."
"어머니, 염려마세요. 어머니 보시기엔 제가 늘 부족한 것 같아도 밖에 나가면 사람들이 존경한다고 합니다."

"야야, 쓸데없는 소리 말아라. 사람들이 니가 어떻게 하는지 모르니 존경한다는 것이지 알아봐라 어찌 존경하겠느냐. 이 에미가 볼 때는 하나도 존경할 게 없다."

어머니는 88세에 몹시 아파 누우시게 되었다.
걱정이 된 우리 4남매는 쾌차하시기를 기도하며 간호하였다.
그런데 어느 날 어머니가 병석에서 일어나시더니 말씀하셨다.
"애들아, 이번엔 내가 죽을병이 아니다. 하나님께서 2년 뒤인 90세에 나를 불러 가시겠다고 말씀하셨다" 하시고는 건강해지셨다.

그 후 90세 되던 새해에 세배드리던 우리에게 어머니가 말씀하셨다.
"올해는 내가 하늘나라로 가는 해다. 너희도 그리 알고들 있어라."
"어머니, 왜 그런 말씀을 하세요. 100세까지 사시야지요."
"2년 전 아플 때 하나님께서 90에 데려가겠다 하셨느니라. 하나님이 데려가시는데 기쁨으로 가야지, 세상에 더 미련둘 게 무엇이 있겠느냐."
확신 있게 말씀하시고는 바느질을 잘하시는 어머니인지라 입으실 수의를 손수 지어놓으시고, 자신이 묻힐 묏자리까지 스스로 정하셨다. 경남 함양에 있는 지리산 두레마을에 계시던 때라 두레마을 안에서 햇볕이 잘 드는 양지쪽을 짚으시며 "내 무덤자리다. 이곳에 묻어주라" 하셨다.

우리는 그런 말을 들으면서도 설마 금년에 돌아가실까 했는데, 그해 5월에 앓아누우시더니 보름 정도 병원에 계시다가 하늘나라로 가셨다.

어머니가 의식을 잃으시기 전 마지막 남긴 말이 있다.
"모든 것이 감사하다."

어머니가 겪은 고생은 말로 다 표현할 수 없다. 내가 여섯 살 때 아버지가 소천하신 후 남긴 유산이 달랑 재봉틀 한 대였다. 그 재봉틀로 삯바느질 하시며 4남매를 모두 대학까지 보내셨다. 그러니 어머니가 겪은 고생이 오죽하셨을까?
그럼에도 세상을 떠나시면서 남기신 "모든 것이 감사하다"는 마지막 말씀이 늘 잊혀지지 않고 내 귀에 생생하다. 그리고 나 스스로도 다짐하곤 한다. 나도 언젠가 땅에서 하늘로 옮겨갈 때 어머니처럼 그렇게 감사한 마음으로 떠날 수 있도록 살아야지, 하는 다짐이다.

동두천 두레마을의 봄

고문후유증으로 다친 몸을 회복하다

나는 1974년과 75년에 걸쳐 옥살이를 했다.

74년 1월 17일에 체포되어 중앙정보부 조사실을 거쳐 서울구치소, 양양교도소, 수원교도소를 옮겨 다니다가 1975년 2월 15일에 석방되었으니 13개월간 갇혀 지냈다.

1973년 가을에 유신헌법이 발표되고 유신체제가 시작되면서, 시민들의 저항을 막고자 긴급조치가 1호부터 연달아 공포되었다. 그 내용이 어머어마하여 유신체제 반대시위를 하면 사형까지 내릴 수 있다는 것이었다. 해가 바뀌어 74년 1월 8일에 성남 주민교회의 이해학 목사가 청계천 판자촌 나의 목회지로 찾아왔다.

이해학 목사는 순수하고 정의롭고 인정이 깊은 목사다운 목사였다. 대화는 자연히 유신헌법과 긴급조치로 돌아가 이런 악법이 있을 수 있느냐, 민주주의 국가에서 표현과 집회의 자유가 기본인데 반대시위하면 사형까지 시키겠다니 이럴 수는 없다. 성직자들이 나서야 한다는 결론에 이르렀다. 이 목사나 나나 둘째가라면 서러울 행동파였기에 그날부터 성직자들을 모아 유신헌법 반대시위에 나서기로 합의하였다.

거사일이 1월 17일이었다.
종로 5가에 있는 기독교회관에서 시위하고 유신헌법을 반대하는 유인물을 뿌렸다. 바로 현장에서 중앙정보부 요원들에게 체포되어 남산에 있는 정보부 지하조사실로 끌려갔다. 그로부터 두 달간 죽을 고비를 넘겼다. 아침저녁 드리는 기도가 "하나님, 날 천국으로 데려가주십시오. 더는 견디기 어렵습니다"였다.

"김진홍, 너 평양 언제 갔다 왔어?"
취조는 이렇게 시작되었다.
그 말을 듣고 황당하여 대답하였다.
"보소, 내가 대구사람인데 길을 알아야 평양을 가지요."
"이 녀석, 넌 빈민촌에서 주민조직하고 데모선동하고 하는 짓이 평양 가서 밀봉교육 받고 온 놈이 틀림없어."

가장 힘든 건 잠을 재우지 않는 것이었다.
밤새 한잠 안 재우고, 자기들은 사람을 바꾸어가며 취조하지만 난 혼자 당하려니 힘들기 그지없었다. 새벽녘에 잠이 쏟아질 때는 잠만 재워준다면 지금 사형장으로 데려간다 해도 도상 씩고픈 마음이었다.

그런데 고문하는 이들도 나름대로 전문성이 있어서 고통은 주지만 상처는 나지 않도록 하는 기술이 있었다. 그러나 맞지 않으려고 몸을 피하다가 잘못 맞으면 크게 다치는 경우가 있다.
어느 날 주먹질 발길질을 피하려다 왼편 옆구리를 호되게 맞았다.

이 상처가 화근이 되어 호흡하기 어려울 정도로 통증이 심해졌다. 숨을 들이쉬면 옆구리가 끊어질듯 아프고, 숨을 내쉴 때는 온몸에 바늘로 찌르는듯한 고통이 몰아쳤다. 자고 나면 목에서 핏덩이가 뱉어지곤 하였다. 지금 몸무게가 65킬로그램인데 그 시절 37로 내려갔다.
그 지경이 되니 잇몸에서 피가 나고 이가 흔들려 콩밥을 씹으면 시큰거려서 밥을 먹을 수 없었다.

그래서 어차피 제대로 씹어 먹지도 못하니 이참에 금식하며 기도하자는 생각이 들었다. 나는 옆구리를 움켜쥔 채로 "하나님, 제가 죽게 된 걸 그냥 보고만 계십니까? 내가 데모 한 번 하고 30대에 삶을 마치면 아무 공로도 세우지 못하고 그냥 가야 하는 겁니까? 나를 치료하셔서 일꾼으로 세워주시옵소서!" 숨을 헐떡이며 기도드렸다.

그러던 차에 4월이 지나니 유신헌법을 반대하다 들어오는 사람들이 늘어났다. 방이 모자라 나처럼 독방을 차지하고 있던 정치범들의 방에도 한 명씩 더 배치되었다. 어느 날 내 방에도 한 명이 들어왔다.
28세 젊은이로 전주고등학교를 졸업한 김용상 군이었다. 그는 고등학교를 졸업한 후 대학진학을 하지 않고 요가수련에 매진하였다. 인도도 다녀오고 지리산으로 들어가 용맹정진한 인물이었다.

그가 내 방에 들어와 내 몸을 살펴보더니 물었다.

"선배님, 몸이 왜 그렇습니까?"

"조사과정에서 몸을 다쳐 후유증으로 고생 중이오."

"염려마세요. 제가 시키는 대로만 하시면 건강은 걱정하실 것 없습니다." 거침없이 말하기에 의아하여 물었다.

"자네는 직업이 의사이신가?"

"아닙니다, 의사는 아니지만 의사 위에 있는 사람입니다."

"의사 위에 있는 사람이면 수의사겠네?"

"아닙니다. 요기입니다."

요가수련을 전문으로 하는 수행자를 요기라 한다.
나는 다음날부터 김용상 요기로부터 요가를 기초부터 제대로 배우게 되었다. 왼종일 방에만 있으니 남는 건 시간뿐인 처지여서 차근차근 수련해나갔다.

20일 가까이 지나니 통증이 현저히 줄어들었다.

한 달쯤 되니 건강상태가 눈에 띄게 좋아졌다.

요가수련을 마치고는 성경읽기와 기도에 한 시간씩 몰두하는 것이 나의 일과가 되었다. 그렇게 하기를 두 달이 지나자 건강에 자신감이 생겼다. 나는 하나님께서 내 기도를 들으시고 몸을 회복하는 데 도움을 주시려고 김용상 군을 내 방으로 보내신 것이라 생각하여 감사드렸다.

13개월 옥살이를 하다가 형 집행정지로 석방이 되던 날, 나는 집으로 가지 않고 세브란스 병원으로 직행하여 종합검진을 받았다.
검진결과를 담당의사가 일러주었다.
"모든 부분이 정상인데 심장이 보통사람보다 특히 더 강합니다."
"난세에 세상풍파에 흔들리지 말고 목회 잘 하라고 하나님께서 강한 심장을 주셨습니다. 감사합니다" 하고는 집으로 돌아와 건강에 문제없이 생활하게 되었다(요가에 대한 기독교적 관점에 대해서는 4장 참장기도 193쪽에서 자세히 다룬다).

15년 선고받고
13개월 만에 석방되다

1974년 1월 17일부터 시작된 옥살이가 1년여 지났을 무렵이다. 군사재판에서 15년 형을 선고받고 수원교도소로 옮겨져 마음잡고 옥살이를 하고 있었다. 15년 형이니 적어도 7, 8년은 하겠거니 하는 넉넉한 마음을 품고 지냈다. 해가 바뀌어 75년 1월 초였다. 신년을 맞았으니 가정에선 물론 교회에서도 면회를 오겠구나 짐작하고 있을 때였다.

1월 6일에 활빈교회 교인 다섯 명이 특별면회를 왔다.
일반면회는 두 사람만 면회장에 들어와 3분간 대화할 수 있지만, 특별면회는 면회실이 아닌 특별방에서 여러 명이 함께 만나 30여 분 이야기를 나눌 수 있다.
그날 교인들이 와서 모처럼 얼굴을 대하고 반가운 시간을 가지던 중, 나와 넝마주이를 함께하던 김종길 집사가 진지한 얼굴로 말했다.
"전도사님, 우리 교인들이 선교사님의 석방을 위해 1인부터 3일씩 구

역별로 돌아가면서 금식기도를 하고, 40일간 밤마다 교회당에 모여 철 야기도를 드리기로 했습니다. 이 금식기도와 철야기도가 끝날 때 전도 사님이 석방될 줄로 믿습니다."

이 말을 듣고 나는 깜짝 놀라 말했다.
"그기 뭔 소리여! 빈민촌 사람들에게 젤 힘드는 철이 겨울인데 제대로 먹고 자야 건강을 유지하지, 이 엄동설한에 안 먹고 안 자면 병들어요. 당장 그만두라 하세요. 나야 15년 형을 받은 사람이니 그래도 7, 8년은 살다 나가야 나라법도 체면이 서는 것이지, 이제 겨우 1년 살고 나갈 생 각을 하겠어요?"

내가 한사코 말렸더니 다섯 교인들이 이구동성으로 말했다.
"전도사님, 사도행전에 보니까 베드로가 옥중에 있을 때 예루살렘 교인 들이 누군가의 집에서 밤새워 철야기도 하니 옥문이 열렸습디다. 지금 우리 교회에도 그런 역사가 일어날 줄 믿습니다."
"아니, 그렇게 믿는 건 좋은데 베드로와 나는 사람이 다르잖는가. 베드로는 베씨고 나는 김씨 아녀."
"전도사님, 징역 들어오시더니 믿음이 식었는가 봐요. 전에 설교는 그렇 게 하지 않으셨는데요. 좌우지간 우리는 성경말씀대로 믿고 내일부터 돌아가며 3일 금식기도와 온 교인 40일 철야기도를 할 겁니다요."
그렇게 말하고는 돌아갔다.
그 후 나는 잊어버리고 있었다.

그런데 2월 14일이 되어 분위기가 이상하더니 정치범 석방 이야기가 돈다고 교도관이 일러주었다. 우리는 설마 그럴까 하고 기대하지 않았다. 그러나 15일 정오에 교도관이 활짝 웃는 얼굴로 오더니 "73번! 기쁜 소식입니다. 집에 가게 되었습니다. 짐 챙겨 나오세요" 하기에 나는 믿어지지가 않아 교도관에게 말했다.
"교도관님, 또 다른 교도소로 옮기는 모양인데 아직 추우니 이왕 옮기려면 따뜻한 제주 교도소나 진주 교도소 같은 곳으로 옮겨주시라요."
"예, 나가셔서 제주도로 가시든지 하와이로 가시든지 맘대로 하세요."
하며 문을 열어주었다.

수원교도소 정문이 열리며 밖으로 나오니, 활빈교회 교인들이 차를 대절해 타고 와서는 두 줄로 나란히 서서 출옥하는 나를 환영해주었다.
"할렐루야! 우리 목자 돌아오셨다"라고 붉은 글씨로 쓴 플랜카드를 준비해 와서 높이 흔들었다. 나는 너무나 기뻐서 발을 내딛으면 땅이 울렁대는 것 같은 감동이 밀려왔다.

교인들과 함께 차를 타고 청계천 마을로 들어가는 중에
옆자리에 앉은 김종길 집사가 물었다.
"전도사님, 오늘이 며칠째인지 아세요?"
"그기 뭔 말이에요? 며칠째라니 무슨 뜻이에요?"
"지난 번 면회 갔을 때 우리 교인들이 전도사님 석방을 위해 금식기도와 40일 철야기도를 한다 했잖습니까? 어제가 바로 40일째였습니다.

40일 지나고 오늘 옥문이 열렸잖습니까!"
나는 신기하여 말했다.
"그렇구나! 어제가 40일째로구나. 그것 참 신기하네!"
김 집사가 볼멘소리로 대꾸했다.
"아니, 전도사님. 신기하다가 뭡니까? 우린 잠이 와서 죽겠구먼요. 판자촌 주민들 중에 교회 안 나오는 사람들까지 낮에 껌 팔며 졸고 노점자리에서 웅크리고 졸면서도 40일 철야기도에 동참했어요. 절대 신기한 일이 아닙니다. 하나님이 우리 춥고 배고픈 사람들의 기도를 들어주신 겁니다!"
나는 가슴이 뭉클하여 고개를 돌리며 손등으로 눈물을 닦았다.
그리고 이들을 위해 내 한 몸을 기꺼이 바치리라 다짐하였다.

동두천 두레마을 전경

청계천 판자촌 주민회가
거듭나다

청계천 판자촌 선교가 시작된 것은 1971년 10월 3일이다. 그날이 빈민촌 선교의 모체인 활빈교회가 창립된 날이다. 서울 최악의 빈민촌이었기에 신앙으로 가난을 이기고 살자는 의미를 담아 '살 活'에 '가난할 貧'을 합하여 활빈교회라 이름지었다. 처음 시작할 때부터 주민들과 똑같은 수준으로 살면서 그리스도의 복음을 몸으로 삶으로 전하자는 각오를 다졌다.

판자촌에 들어가서 살아간 지 두세 달이 지난 후에 판자촌에 맞는 선교전략을 세웠다. '주민봉사와 지역사회개발을 통한 복음전도'였다. 이 전략을 효율적으로 실천하기 위해 주민회를 조직하고, 활빈교회와 주민회가 합심하여 지역사회를 개선 발전시켜 나가는 방향으로 진행했다.

먼저 한양대학 뒤편에 위치한 청계천 하류의 송정동 판사촌 1600세대를 대상으로 주민회를 조직하였다. 교회당에 주민들을 초청해 빈민촌의 열악한 환경을 주민 자신의 힘으로 어떻게 고쳐나갈 것인지 토론회를 열었다.
그런 토론을 거치면서 주민들의 안목이 점차 높아졌고, 지역사회 문제에 관심 있는 사람들이 모여 투표를 통해 주민회를 결성하였다.

그런데 막상 선거가 실시되니 분위기가 달라졌다.
처음엔 서로 임원이 되려고 열심히 나서는 모습이 고마웠는데, 점차 과열되어가더니 회장으로 출마한 이들이 상대방 후보를 인격적으로 공격하였다.
더 나쁜 것은 지방색이 드러나는 것이었다. 판자촌 회장선거에 호남파 영남파로 갈라졌다. 판자촌에는 호남출신이 가장 많았는데, 경상도 후보가 강원도 경기도 사람들을 설득하여 회장으로 당선되었다.

선거가 끝난 후, 선거 때문에 갈라졌던 마을 분위기를 돌려놓기 위해 양편 모두를 교회에 초청하였다. 막걸리 두 말에 돼지 한 마리를 잡아서 파티를 열어 화해 분위기를 만들려 했다.
그랬더니 이번엔 교인들이 왜 교회에서 술잔치를 벌이냐며 항의가 만만찮았다. 나는 교인들을 붙들고 마을에 모일 장소라고는 교회밖에 없으니 어쩔 수 없지 않느냐, 예배드릴 때야 예배당인 것이지 평소에는 그냥 건물로 생각하고 아이들 교육도 시키고 마을회의도 열고 노인들 모시는 경로당으로도 사용하자고 설득하려 애썼다.

교회에서 뭔가 새로운 시도를 하려고 하면 제일 반대하고 나서는 이들이 주민이 아니라 교인들인 경우가 많았다. "교회가 거룩해야 하는데 불신자들이 모여서 담배 피우고 막걸리 파티까지 하면 되겠느냐. 나는 이런 교회에는 나올 수 없다"고 강경하게 나온다.
나는 사정사정하며 입에 침이 마르도록 설득하곤 했다.

그런데 심각한 문제가 주민회에서 일어났다.
나는 주민회 운영을 위해 친구들이나 서울의 교회들을 찾아다니며 얼마간의 돈을 모아 활동비로 사용하게 하였다.
그런데 얼마 지나지 않아 선거에서 떨어진 이들로부터 주민회에 재정 부정이 있다는 소문이 나기 시작하였다. 교회가 마련해준 기금을 술 먹고 노름하여 탕진한다는 소문이 나돌았다. 마을 분위기가 험악해졌다.
가난한 사람들일수록 돈 문제에는 민감하다.

나는 이런 소문을 잠재우기 위해 주민대표 모두를 교회에 모았다.
모두 둥그렇게 앉히고는 모이게 한 이유부터 설명하였다.
"여러분도 이미 들어 알고들 계시겠지만, 주민회 임원들이 재정을 바로 쓰지 않는다는 소문 때문에 모였습니다. 사실은 몇 푼 되지도 않는 적은 금액입니다만, 이런 일로 잡음이 생기면 일꾼들의 사기가 떨어지고 마을 분위기도 어수선해집니다. 오늘 이 자리에서 터놓고 이야기하여 오늘 이후로는 그런 잡음이 없어지게 합시다."
이렇게 서두를 시작하고는 자유롭게 토론하도록 하였다.

그러나 우리 사회의 미숙한 점 하나가 토론문화가 없는 것이다.
국회에서 회의를 진행하는 것부터 그렇다.
국회에서조차 제대로 안되는데 판자촌에서 될 턱이 없었다.
주류측과 비주류측이 몇 마디 오가더니
이내 고성이 터지면서 감정대립이 심해졌다.

주민회장은 나와 넝마주이를 함께하는 경북 청도 사람이었다. "내가 마을을 위해 성심껏 내 돈 써가면서 일하는데 자꾸 돈 먹었다 돈 먹었다 하니 분통이 터집니다" 하니 비주류 대표가 일어나 삿대질을 하며 다그쳤다. "당신이 뭔 돈이 있어 허구헌날 그렇게 술 먹고 나이롱 뻥하고 다니느냐"고 고함질렀다.
그러자 회장이 눈에 살기를 띠며 "그래, 내가 공금으로 술 먹는 거 니가 봤냐?" 하니 비주류가 다시 일어서면서 "그래, 봤다. 니가 무슨 돈으로 그렇게 돈을 펑펑 쓰고 다니냐?" 하며 물러서지 않았다.

이에 회장이 분기탱천하여 "그래, 내가 돈 먹는 거 니가 봤다 이거제?" 하며 밖으로 나가더니 부엌칼을 가지고 들어왔다. 나는 놀라서 목소리를 높였다. "저 웬 칼이여! 얼른 뺏으시오! 큰일 내겠는데!"
그러는 사이 그는 자기 윗옷을 걷어 올리고는 배를 앞으로 내밀며 고함질렀다. "느그들, 내가 돈 먹는 거 봤다 했제? 어디 내 뱃대지에 돈 들었는가 봐라" 하더니 부엌칼로 자기 배를 옆으로 갈랐다. 피가 튀고 수라장이 되었다. 그리고는 배를 내밀며 "내 뱃속에 돈이 들었냐? 내가 먹었음 뱃속에 돈이 들었을 거 아닌가!" 하며 소리를 질러댔다.
나는 얼른 택시를 불러 가까운 한양대학병원 응급실로 갔다.
워낙 서둘러 간 덕에 제때 수술이 되어 사람을 살렸다.
그러나 문제는 그 뒤부터였다.
얼마나 억울하면 칼로 자기 배를 갈랐을까, 하며 마을주민들이 문병 가서 위로하고는 머리맡에 천 원도 놓고 오고 이천 원도 놓고 왔다.
그래서 돈이 조금 모이니 시험에 들게 되었다.

밤 10시경이나 되어 마음이 컬컬해지면 입원복을 입은 채로 간호사의 눈을 피해 밖으로 나갔다. 한양대학 정문 곁에는 늘 포장마차가 있었다. 참새구이, 오뎅국물, 소주 등을 파는 가게다. 거기 가서 소주 몇 잔 걸치고 오징어 다리를 뜯으며 병원으로 돌아오곤 하였다.
기분이 좋으니 '신라의 달밤' 노랫가락을 부르며 들어오는데, 술기운이 돌아 수술한 자리가 가려워져 소독도 안 된 손으로 북북 긁어댔다.

간호사가 보고는 질겁하여 말렸다.
"수술한 사람이 술 마시면 안돼요.
수술한 자리를 그렇게 문지르면 감염되어 죽습니다."
"시끄러! 이 가시나야. 죽으면 내가 죽지 니가 죽냐?"
간호사를 밀치고 침대로 가면서 신라의 달밤을 계속 흥얼거렸다.
결국 그는 감염되어 고생하다 숨을 거두었다.

사람이 죽어 시체가 되어 누워 있으니 분위기가 살벌해지고 사람들은 투쟁적으로 변했다. 나는 벽제 화장터에 가서 화장을 하는 잿봉지를 항아리에 담아들고 교회로 와서 강대상 아래 엎드려 금식기도를 시작했다. 그리고 회개의 눈물을 흘렸다.

"하나님, 저에게 자비를 베푸시옵소서. 빈민들을 살리겠다고 이곳으로 들어와서 살리지는 못하고 죽게 했습니다. 제 빈민선교는 실패입니다. 저는 선교한다고 말할 자격이 없습니다. 교회간판 내리고 선교를 중단할까요?"

나는 가슴을 치며 회개하였다.
한 자리에 앉은 채 음식은 물론 물도 마시지 않고
하늘을 우러러 탄식하였다.

3일째 되는 날, 가슴 깊은 데서부터 솟아오르는 확신이 있었다.
빈민선교를 중단할 것이 아니라 제대로 해야 한다는 확신이었다.
그간에는 영적인 성찰 없이 바쁘게만 일하였는데, 이제 한걸음 뒤로 물러나 교회답게 목사답게 선교답게 일해야겠다는 다짐이 일어났다.
폭발할 것 같던 마을 분위기도 내가 금식하며 기도드리는 탓에 조용히 가라앉았다.

그 뒤로 나는 주민 활동하는 시간보다 기도하는 시간이 늘어났다.
가난한 사람들에게 복음 전하는 일의 본질이 무엇인가를 생각하며
점차 빈민선교의 틀이 잡혀나갔다.

활빈교회 개척시설

나는 이렇게 30세에 개척교회를 시작한 이래로, 상황이 너무 힘들어 견디기가 한계에 이를 때면 교회당 바닥에 엎드려 드리기 시작한 금식기도가 매년 정기적으로 실행하는 행사가 되었다.

지난 50년의 목회 동안 이렇게 일 년에 한 차례씩 금식하면서 자신을 가다듬고 영적으로 재충전 받으며 사역을 감당하였다. 처음엔 3일을 드리다가, 다음엔 5일을 드리고 그 후엔 7일을 드렸는데, 체험적으로 10일 금식이 영육간에 가장 좋은 기간임을 알게 되었다.

내가 매년 정기적으로 금식하게 된 데는 또 하나의 특별한 계기가 있었다. 감옥에 있던 1974년 2월 23일이었다. 그날은 활빈에서 여럿이 살다가 독방으로 옮겨진 날이었다. 유난히 추웠던 겨울, 옆 사람의 온기도 없이 혼자 있자니 추위가 온몸으로 파고들었다.
밤이 깊어갈수록 추위가 심해지자 나중엔 뼈까지 아파왔다.
나는 견디기가 너무 어려워 기도했다.
"주님, 이 추위를 도저히 견딜 수 없습니다. 이기게 도와주시옵소서."
그러나 기도하고 또 기도해도 추위는 더욱 심해질 따름이었다.

나는 성경을 펴들었다.
불에 관한 말씀들을 찾아 읽으며 이겨낼 작정이었다.
맨 처음 찾은 불은 출애굽기 3장에서 모세가 보았던 떨기나무에 붙은 불이었다. 이어 청년 이사야가 제단 숯불로 입술을 지져 허물을 사함받은 이사야 6장과, 엘리야가 갈멜산에서 바알 선지자 450명과 불로 겨루었던 열왕기도 읽었다. 기드온이 300명을 이끌고 횃불작전으로 대군을 물리쳤던 사사기도 읽고, 다니엘의 친구들이 신앙의 절개를 지키기 위해 불가마에 들어갔다 나온 이야기도 읽었다.

신약성경에 이르자 마태복음 3장에서
성령과 불로 세례를 주시는 예수님이 소개되었다.
이때부터 나는 기도하기 시작했다.
"주님, 제게도 성령과 불로 세례를 주십시오.
내가 너무 추워 죽을 지경입니다."
그 다음 불은 누가복음 12장에 있었다.

"내가 불을 땅에 던지러 왔노니
이 불이 이미 붙었으면 내가 무엇을 원하리요."
그동안 이 말씀을 수십 번은 읽었을 텐데 난생 처음 보는듯한 말씀이었다. 나는 무릎을 꿇고 간절히 기도드렸다.
"예수님, 그 불을 오늘 제게도 좀 던져주시옵소서."
이어 사도행전 2장에는 오순절에 성령의 불이 임하는 장면이 나왔다.
"마치 불의 혀처럼 갈라지는 것들이 그들에게 보여 각 사람 위에 하나씩 임하여 있더니 그들이 다 성령의 충만함을 받고…."

이렇게 읽어나가는 중에 내 몸에 어떤 변화가 느껴졌다.
어느새 추위가 사라지고 온몸에 훈훈한 기운이 돌기 시작했다.
처음엔 의아해서 내 몸을 여기저기 만져보았다.
온몸과 심지어 마룻바닥도 온돌방처럼 따뜻함이 감돌았다.
벽의 사면을 더듬어보니 역시 스팀이 들어오듯 따뜻한 게 아닌가.

그 순간 내 마음에 기쁨이 넘치기 시작하였다.
기쁨이 아랫배에서부터 심장을 거쳐 목을 타고 터져 나오는데 주체할 수가 없었다. 그제야 내 기도에 대한 응답으로 성령의 불이 임한 것임을 확신하고 감격에 넘친 나는 눈물을 흘리며 감사기도를 드렸다.
"하나님, 이 부족한 사람도 대접하여 이 큰 은혜를 베풀어주시니 감사합니다. 이 은혜를 평생토록 간직하며 하나님의 뜻을 이루어가는 충실한 일꾼이 되겠습니다!"

그런 감격의 시간이 무려 너댓 시간이나 지속되었다.
좁은 감방이 천국으로 변한 시간이었다.
그날 밤 잠자리에 들다가 나는 다시 한 번 큰 은혜를 체험했다.
그동안 동상에 걸려 밤마다 가려워서 북북 긁다가 부어오르곤 했던 발이 그날은 전혀 가렵지가 않았다. 나는 이상해서 일어나 불빛에 발을 비춰보았다. 발가락 하나하나를 살펴보니 동상이 깨끗이 나아 있었다. 나는 성령님의 깊은 배려에 너무나 감사하고 감격하여 심장이 터질듯해 찬송가 405장을 밤새도록 소리 높여 불렀다.

나 같은 죄인 살리신 그 은혜 놀라와
잃었던 생명 찾았고 광명을 얻었네

다음 날 나는 배식구로 들어온 밥을 세 끼 다 변기에 쏟아버리고
금식하면서 말씀을 읽고 기도했다.
"김진홍이는 이제 그리스도 안에서 죽었습니다.
제 야망도 꿈도 죽었습니다.
이제 남은 것은 오직 그리스도를 위해 사는 삶뿐입니다.
저를 받아주시옵소서."
그렇게 하루를 금식하며 새로운 출발을 다짐하였다.
그 후로 나는 지금까지 해마다 2월 23일이면 금식하면서
1974년 그날 받았던 은혜를 잊지 않으려 되새긴다.

일본 후지산
10일 금식수련에 참여하다

내가 이렇게 연례로 금식기도를 드리는 줄 알고 일본 동경에 있는 동포 한 분이 후지산 중턱의 국제금식수련원에서 열리는 10일금식수련회를 권하여 참여하게 되었다. 1980년 8월 무렵이었다.
격무에서 오는 과로로 심신이 지쳤던 나는
조용한 곳에 가서 휴식과 재충전의 시간이 필요하다고 느꼈다.
일본인 27명에 재일동포 2명과 나를 합해 30명이 일행이었다.

그런데 일본의 금식수련이 이색적이었던 것은 날마다 후지산 정상까지 등산을 시키는 점이었다. 물만 마시는 터에 가파른 산길을 오르려니 숨은 가쁘고 체력이 딸려 견디기 어려웠다.
그래서 지도자에게 항의 겸 물었다. "금식기간 중에 왜 이렇게 무리한 운동을 시킵니까? 내가 살아서 귀국해야지, 이러다가 지쳐 죽기라도 하면 한일 간에 외교문제가 생길 텐데요."

그가 웃으며 일러주었다.

"이렇게 하는 것이 영적으로뿐 아니라 건강에도 탁월한 효과가 있습니다. 금식 중에 가만히 있지 않고 운동을 하면 하나님께서 우리 몸에 주신 생명에너지가 활성화되어 건강에 큰 도움이 됩니다.
금식하는 중이라 기운이 없다고 생각하여 앉아 있거나 누워만 있으면 점점 더 힘이 빠지고 금식 후에도 몸에 이롭지 않습니다. 염려 말고 열심히 걸으십시오. 열흘 정도의 금식은 평소처럼 활동하면서 해낼 수 있습니다. 제가 보장합니다."

나는 그의 말이 이해가 가기에 그 후로는 앞장서서 걸었다.
이왕 걷는 김에 맨 앞에서 열심히 걸었다.
금식 중에 그렇게 산을 오르면 이상한 점을 느끼게 된다. 처음 500미터쯤은 힘이 들어 주저앉고픈 심정인데, 얼마 지나지 않아 탄력이 붙어서 내려올 때는 다시 올라갔다 와도 좋겠다 싶을 만큼 기운이 솟구친다.

일본인들과 열흘을 함께 지나면서 배운 바가 많다.
30명이 한 집에서 지나는데도 소리가 나지 않는 점이 특이했다.
마치 빈집처럼 고요했다.
사람들이 몇 명만 모여도 시끌벅적한 한국인들과는 전혀 달랐다.
실내에서 걸을 때도 고양이걸음으로 소리없이 다가왔다.
마칠 무렵 어느 분이 소감을 묻기에 이렇게 대답했다.
"너무 조용하여 마치 귀신이 사는 집 같습니다."

일본인은 큰일이나 작은 일이나 의논하여 결정하는 관습이 있었다. 충분히 논의하여 한 번 합의된 사항은 바꾸려 들지 않았다.

행사 중에 물을 데워서 목욕하는 순서가 있었는데, 모두 모여 설명을 듣고는 차례를 정하였다.

중간쯤이던 내가 무슨 일이 생겨서 다음 날로 바꾸어달라고 지도자에게 요청했더니 거절하였다. 회중이 의논하여 정한 사항이기에 바꿀 수 없다는 것이었다. 딱 잘라 안 된다기에 "아하, 이런 게 사무라이 곤조(근성)구나" 하는 생각이 들었다.

일본에서 치른 10일금식수련의 하이라이트는 금식 이후에 이어지는 정리금식에 대한 지도였다. 열흘간의 금식이 끝난 다음날 끼니라고 주는데, 조그마한 접시에 희멀건 미음 한 공기가 고작이었다.

나는 감질이 나서 말했다.

"아니, 주면 주고 말면 말지, 이렇게 병아리 눈물만큼 주면 어떡허요?"

내 항의에 지도자가 미소를 머금고 찬찬히 일러주었다.

"김 선생, 금식수행은 이 부분이 가장 어렵습니다. 금식보다 금식이 끝난 뒤의 보식기간이 더 어렵고 또 중요합니다.

금식했던 기간의 세 배가 되는 기간에 식사량을 서서히 늘려나가야 금식한 효과가 있습니다. 이 일에 실패하면 금식한 보람을 잃을 뿐 아니라 건강을 그르치는 수도 있습니다."

금식수련을 제대로 하려면 3단계가 필요하다.

준비금식, 본금식, 정리금식이다.
이 3단계를 1:1:3 기간으로 실천하는 것이 바람직하다.
본금식이 10일이면 금식 시작하기 전 10일부터 준비에 들어간다.
술 담배를 금하고 식사량을 차츰 줄여나간다.
그렇게 준비기간을 거치면 본금식을 효과적으로 할 수 있다.

금식 후 정리금식은 본금식의 3배 기간이 이상적이다.
본금식이 10일이었다면 후에 30일 동안 합리적으로 정해진 방법에 따라 음식량을 서서히 늘이면, 위가 줄어들어 조금만 먹어도 만족감이 들고 과식하는 습관을 고칠 수 있다.
그러나 이 정리금식 기간에 과식 폭식하게 되면 건강을 그르치는 경우가 있다. 두레수도원 금식수련회 참가자 중에 어느 경영인은 10일금식이 끝난 후 3일 만에 손님접대상 삼겹살을 먹었다가 그 자리에서 응급실로 실려가기도 했다.

나는 일본 후지산에서 금식 10일을 마친 뒤에 귀국하여 지도받은 방법을 착실히 지켰더니, 그 후에 체력이 월등히 좋아져서 금식의 위대함을 실감하였다. 그래서 언젠가 여건이 되어 나도 금식수련회를 진행하게 되면 일본에서 배운 원칙을 잘 적용하리라 다짐하였다.

그 후로 바람직한 금식방법을 계속 조사하고 연구하여, 마침내 20년 후 2001년에 두레수도원을 열어 금식수련회를 시작하게 되었다.

두레수도원 금식수련회 참가자들과 왕방산에서

두레자연고등학교
설립자금 5억을 응답받다

1987년 두레마을을 처음 세울 때의 이야기다.
서울 청계천 판자촌이 철거되고 남양만 간척지로 집단 귀농하여 소금 땅을 개간해 벼농사를 짓는데, 주민들이 좁은 땅을 각자 농사지으니 고생이 이만저만이 아니었다.
고심 끝에 농지와 자본과 노동력을 합하여 더불어 농사지으며 살아가는 공동체 마을을 세우기로 하고, 이름을 두레마을이라 지었다.

그리고는 두레마을을 세울 땅을 물색하였다.
서해바다가 내려다보이는 좋은 곳에 봉화산이라는 아담한 산이 있었다. 예로부터 외적이 쳐들어오면 한양으로 봉화를 올리던 자리여서 봉화산이란 이름이 붙게 되었다.
산 이름도 좋거니와 산세가 두레마을을 세우기에 적합하여 그 산을 구입하기 위해 기도하기 시작했다. 개척지에서 일은 많고 재정은 항상 부족하여 봉화산을 두고 7년을 꾸준히 기도하였다.

7년이 되던 해 산 주인이 나를 찾아왔다.
뜻밖에도 그가 내게 봉화산을 맡아달라고 요청하는 것이었다.
"목사님, 이번에 집안에 급한 돈이 필요해 산을 팔려고 내놓았더니 서울 투기꾼들만 찾아오고 복부인들만 탐을 내서 목사님을 찾아왔습니다."
"그러면 사겠다는 분들에게 파시면 될 텐데 어찌 제게로 오셨습니까?"
"목사님, 봉화산이 어떤 산입니까? 이 지역에선 그래도 역사가 깊은 명산인데 투기꾼들 손으로 넘겨서야 되겠습니까? 목사님이 맡으시면 유용하게 쓰실 것 같아 찾아왔습니다. 조건도 가능한대로 잘 해드릴 테니 맡아주십시오. 산이 아까워 그럽니다."

나는 산주의 말을 들으며 직감하였다.
'아하, 7년에 걸친 우리 기도를 하나님께서 응답하시는구나.'
그 자리에서 흥정이 이루어져 4천만 원으로 계약을 맺었다.
계약금 4백만 원을 드리고
나머지 3600만 원은 두 달 후 일시불로 드리기로 계약서를 썼다.
시골교회인지라 계약금도 겨우겨우 마련하여 지불하였다.

그리고는 두 달 후 치러야 할 3600만 원을 위해 온 교인이 합심하여 기도드렸다. 각자 기도드리는 것은 물론이요, 모임이 있을 때마다 합심하여 기도하였다. 한편으로 나는 3600만 원을 확보하기 위해 백방으로 뛰어다녔다. 교단본부에 가서 빌릴 수 있는지도 알아보고, 친구들에게도 융통할 수 있는지 물어보았으나 길이 열리지 않았다.

계약만기일이 이틀 남은 날이었다.
교인 한 분이 새벽기도를 드린 후 서재로 와서 말했다.
"목사님, 봉화산은 물 건너 가버렸지요?"
"아니, 그게 무슨 말이에요?"
"글쎄, 약속날짜가 이틀밖에 안 남았는데 돈은 마련이 안 되니 계약금만 날아간 것 아닌가요?"
"권사님, 어차피 믿고 시작한 일 끝까지 믿읍시다."
"목사님이 느긋하신 걸 보니 어디 믿는 데가 있으신가 봐요?"
"아니지요. 예수님 믿는 거지요. 열심히 기도하고 있으니 하늘에서 뭔 조치가 있겠지요."

이런 대화를 나눈 날 오후였다.
손님이 왔다기에 나가보니 양복을 입은 40대 초반의 잘 생긴 신사가 현관에 서 있었다. 서재로 맞으며 인사를 나누었더니 미국 필라델피아에서 온 박○○ 집사라고 소개하였다.
그 먼데서 어떻게 여기까지 오셨는가 물으니, 부모로부터 물려받은 유산을 정리하러 한국에 왔는데 유산 정리한 돈의 십일조를 김진홍 목사가 하시는 일에 헌금하고픈 생각이 들어 찾아왔노라 했다.
그러면서 봉투 하나를 건네주었다.

받고 보니 빈 봉투처럼 얇았다.
내가 웃으며 말했다.
"열어봐도 괜찮겠습니까?
나중에 빈 봉투인 걸 알게 되면 곤란할 것 같아서요."
그도 웃으며 "예, 열어보십시오" 하기에 봉투를 열고
안에 든 종이를 끄집어내니 수표였다.
그런데 수표의 금액을 보고는 숨이 턱 막히는 듯했다.
3600만 원이 적혀 있었다.
"아니, 이거 3600만 원 아닙니까!"
"예, 그렇습니다. 이번에 정리한 유산의 십일조입니다."
"우리가 3600만 원이 필요하여 기도하고 있는 것을 아셨습니까?"
"아닙니다. 제가 미국에서 오자마자 일처리하고는 곧장 이리로 찾아왔는데 알 턱이 있겠습니까?"
나는 '아, 하나님께서 이 신사를 통해 우리 기도를 응답하시는구나' 하는 생각에 몸이 떨릴 정도로 감격하였다. 나는 그에게 우리가 3600만 원을 위해 두 달간 기도드린 자초지종을 일러주었더니 그도 감격하여 "제가 그렇게 쓰임 받게 되어 감사합니다" 하며 함께 기쁨을 나누었다.

그렇게 매입한 봉화산이 두레마을의 출발지가 되었다.
두레마을 공동체가 세워진 후 꼭 하고 싶은 일이 생겼다.
이런저런 사정으로 학교에서 퇴학당하고 떠돌고 있는 중고등학생들을 위한 학교를 세우는 일이었다. 전국에 거의 10여 만에 이르는 청소년들이 학교를 다니지 못하고 길거리를 헤매고 있었다. 그들을 위한 학교를 세워 한때의 방황을 벗어나 새 인생을 살게 하는 일에 두레마을이 쓰임 받고 싶었다. 그래서 '두레자연중고등학교'라는 이름을 먼저 지어놓고, 교육부에 대안학교로 인가받는 일과 학교건물 짓는 일을 위해 합심기도를 시작하였다.

그때가 전두환 대통령 시절이었다.
교육부를 찾아가 퇴학생들을 받아들여 학교를 운영하려 하니 인가를 내달라고 했더니 담당자가 대뜸 내뱉기를 "그런 학교는 교육법에 위배됩니다. 불법학교입니다" 했다.
그 말에 내가 열을 받았다. 비록 성직자이긴 하지만 한때는 청계천 넝마주이들의 왕초였는데 좋은 말로 순순히 물러날 수 있겠는가.
"뭐라고? 당신 뭐하는 사람이요? '안 된다' 하는 기 당신 직업이여? 불법이면 법을 고쳐, 이 양반아!" 하고 소리를 질렀더니 방 안에 있던 직원들이 모두 긴장하여 나를 쳐다보았다.

그렇게 시작된 교육부와의 실랑이가 노태우 대통령 시절을 지나 김영삼 대통령의 문민정부가 되어서야 풀리게 되었다. 안병영 교수가 교육부 장관으로 부임하더니, 문제아들의 대안학교에 사명감이 있어 학교법인 허가를 내주고 설립을 적극 지원하였다.
그런데 학교건물을 짓자니 5억이 부족하였다.
두레마을 식구들은 시작할 수 없으니 포기하사고 했다.

나는 단호하게 말했다.
"뭣이? 말도 안 되는 소리여! 그간에 우리가 애쓰고 투자한 세월이 얼만데 그냥 포기하다니. 이제 겨우 시작할 수 있게 되었는데 5억 때문에 물러설 수 있겠나?"
"그래도 없는 걸 어쩐다요. 우리 형편에 5억이라면 엄청난 금액이잖아요. 두레마을에서 생산한 계란 팔고 배추 팔아서 언제 5억을 모읍니까?"
"없는 것을 있게 하시는 분이 하나님이여! 이럴 때는 없다는 소리만 하지들 말고 합심하여 기도하세. 하나님밖에 믿을 데가 있겠는가?"

그날부터 두레식구들이 5억을 위해 기도하기 시작하였다.
교육부의 학교설립 인가에 대한 행정조치 마감이 일주일 남았을 때, 우리는 모일 때마다 기도드리고 나는 마침 설날 연휴를 맞았기에 금식기도를 드리기로 했다. 물만 마시며 간절히 기도드렸다.
"하나님 아버지, 길 잃은 청소년들을 위해 학교 세우는 일에 5억이 꼭 필요합니다. 어떤 길을 통하든지 허락해주시옵소서."
이런 내용으로 기도를 거듭 반복했다.
5일이 지나 기도를 마칠 무렵 마음이 편안해지면서
이 일은 결재되었다는 확신이 들었다.

마감일을 하루 앞둔 날, 어느 할머니가 전화를 걸어왔다.
"목사님, 제가 평소에 좋은 일에 쓰려고 모아놓은 돈이 조금 있는데 목사님 하시는 일에 헌금할까 해서 전화드렸습니다. 제가 거동이 불편하여 가기가 어려우니 목사님께서 좀 와주실래요?"
나는 할머니가 일러준 곳으로 찾아갔다.

평생 고생하신 티가 완연한 80대 할머니가 내 손을 잡으며 말했다.
"목사님, 이 돈이 얼마 되지는 않습니다만 평생 푼푼히 모은 돈입니다. 목사님이 잘 알아서 써주시겠지만, 제가 기도할 때는 길 잃은 청소년들을 돕는 일에 쓰임 받게 해달라고 기도드려 왔습니다. 그러나 제 기도는 신경 쓰지 마시고 목사님이 알아서 써주세요. 저는 다만 목사님을 믿고 맡길 따름입니다."

그러면서 진작 만들어둔 내 명의의 통장에 도장까지 곁들여주었다.
나는 할머니로부터 통장을 받아 펴보았다.
정확히 5억 원이었다.
나는 잠시 눈을 감고 "하나님, 감사합니다!" 기도드리고는 말했다.
"할머니, 참 신기한 일이네요. 제가 청소년을 돕는 학교 세우는 일에 5억이 필요해서 지난 설날에 일주일간 금식기도까지 드렸는데 이렇게 할머니를 통해 허락되는군요. 정말 감사합니다."
나는 진심어린 감사를 드리고는 일을 추진해, 드디어 1999년 3월 5일 첫 입학생 20명, 교사 13명과 두레자연고등학교의 개교예배를 드렸다.

그렇게 시작된 학교가 현재 남양만의 두레자연중고등학교다.
지금도 설립정신을 그대로 이어 모범 대안학교로 사리매김하였다.

학생들과 함께

두레국제학교 체육관 건립
14억을 응답받다

방황하는 청소년을 위한 대안학교 이야기는 동두천 두레마을에서 계속 이어진다. 동두천 두레마을은 2011년 10월 3일 개천절을 맞아 시작되었다. 처음에는 영성수련 전문기관인 두레수도원으로 시작하여 두레교회가 세워지고 두레마을이 조성되었다.

두레마을 뿐 아니라 어느 곳에서든 예수 그리스도의 이름으로 이루어지는 선교에는 3가지 요소가 기본이다.

그것은 예수님의 사역에서 비롯된다.

> 예수께서 모든 도시와 마을에 두루 다니사
> 그들의 회당에서 가르치시며
> 천국 복음을 전파하시며
> 모든 병과 모든 약한 것을 고치시니라 - 마태복음 9:35

이 말씀에 따르면 예수님이 주력하신 3대 사역이 있다.
1. 가르치시는 교육목회
2. 복음 전하시는 전도목회
3. 병자를 고치시는 치유목회

교회가 들어가는 곳에는 어느 시대나 이 세 목회가 동시에 행해졌다. 130여 년 전 한국에 기독교가 들어와서 세계선교사에 가장 성공적인 교회를 이루게 된 이유 중 하나도, 이 세 가지 사역이 균형을 이루어 함께 진행되었기 때문이다.
두레운동 역시 50년 전 1971년 청계천 빈민촌에서 시작하던 때부터 이 세 사역을 동시에 펼치려 힘썼다. 그러나 그간에는 젊은 나이에 경험 없이 의욕만 앞서다보니 시행착오도 많았고 헛발질도 적잖았다.

이제 내 나이 70에 시작하여 어언 10년에 이르는 동두천 두레마을의 선교사역은 이런 시행착오를 벗어나 정석대로 선교다운 선교를 펼쳐나가기를 원한다. 그래서 먼저 한국교회에 부족한 영성을 보완하기 위해 두레수도원을 세웠고, 작지만 교회다운 교회를 이루고자 두레교회를 시작하였다. 두레수도원과 두레교회는 예수님께서 시작하신 전도와 치유목회를 이어가는 사역이다.

그리고 교육목회의 연장으로 두레국제학교를 세웠다.
두레국제학교가 처음에는 숲속창의력학교로 시작하였다.

인터넷에 중독된 청소년을 치유하고 교육하는 학교였다.
학교 부지를 정하고 건물설계를 하니 7억이 필요하다는 계산이 나왔다. 두레가족이 모일 적마다 학교건축기금 7억을 위해 기도하면서, 9월 개학을 앞두고 조선일보에 학생모집 광고를 먼저 실었다.

그런데 그 광고를 본 어느 자매님이 헌금 2억을 들고 왔다.
경남 양산에 사는 분인데 조선일보 광고를 읽고 그 취지에 공감하여 학교를 돕고 싶어 왔노라 하였다. 우리는 하나님이 하시는 일이라 여겨 함께 감사기도를 드렸다.
그리고 경기도 김문수 도지사께서 대안교육에 뜻이 있어 4억을 지원해 건물을 세우고 숲속창의력학교가 문을 열었다.

훌륭한 교사들이 지원하여 인터넷에 중독된 청소년을 치유 회복하는 데 좋은 열매를 거두었다. 그러나 그들을 돌보기에 교사들의 체력이 감당하지 못했다. 나의 막내아들이 미국 코넬대학을 졸업하고 아버지의 뜻이 좋다하여 대안학교 교사로 재직하는데, 늘상 코피가 터지고 병원에 가서 링겔을 맞곤 하기에 내가 나무랐다.
"너는 유학시절에 미식축구 선수로 주장까지 한 체력인데 몸이 왜 그리 약해졌느냐? 건강관리에 소홀한 거 아니냐? 체력에 좀 더 신경쓰거라."

아들이 한숨을 내쉬며 대답하였다.
"아버지, 인터넷 게임에 중독된 청소년들 시도하기가 얼마나 어려운지

몰라서 하시는 말씀입니다. 학생들이 밤에 잠자리에 들 때는 멀쩡하게 자는 척 합니다. 그러나 새벽 두세 시경에 사라져서 비상을 걸어 찾아보면 3, 4킬로미터가 넘는 길을 혼자 걸어 나가 동두천 시내 피시방에서 게임하고 있습니다. 그런 애들과 함께 살면서 교육하려니 교사들의 체력이 망가질 수밖에 없습니다."

교사들의 고충을 들어보니 이해가 되기에 치유와 교육을 하나로 묶지 않고 별도로 진행하는 것이 좋겠다는 생각이 들었다. 그래서 인터넷 중독 청소년 치유 프로그램은 '청소년 치유원'으로 분리해서 하기로 하고, 순전히 가르치는 교육사역은 따로 학교를 세우기로 하였다.

그렇게 시작된 학교가
두레국제학교 Dure International Creative School 이다.
중고등학교 6년 과정인 이 학교는 교육철학이 분명하다.

날마다 성경공부와 큐티시간을 가져 영적 기초를 확실히 다지고, 매일 한두 시간 운동하여 강한 체력을 기르며, 영어 과학 등에서 탁월성을 닦아 국제무대에서 활약할 수 있는 인재를 키운다는 정신으로 설립되었다. 입학하여 1년이 지나면 영어로 수업을 진행할 수 있는 수준으로 영어교육을 강조한다.

두레국제학교

매일 체육시간이 있는데, 이곳 동두천 지역은 북녘이어서 겨울이 길고 눈이 많다. 겨울동안에는 야외체육을 할 수 없어 몹시 불편하였다. 그러니 실내체육관이 절대적으로 필요했다. 두레가족은 학교설립 초기부터 교사 · 학생들과 함께 체육관 건립을 위해 기도하기 시작하였다.
그러나 예산이 1, 2억 드는 게 아니다.
적게 잡아도 20억은 족히 필요했다.
개척지인 동두천 산골짜기에서 20억이란 엄청난 금액이다.

하루는 매서운 날씨에 산골짜기 밖에서 운동하는 학생과 교사들을 보니 안쓰러운 생각이 깊어져, 3일 금식하며 기도드리기로 작정하였다.
"하나님, 이 겨울에 저들이 밖에서 운동하고 있습니다. 귀한 집 자녀들이요, 장차 나라의 일꾼이 되고 가문을 빛낼 인재들인데 이렇게 추위에 떨어서야 되겠습니까. 체육관을 지을 길을 열어주시옵소서."

그렇게 기도한지 3년째 되는 해였다.

어느 날 느닷없이 통장에 14억이 들어와 있었다.

깜짝 놀라 알아보니 미국 아이오와에 사시는 어느 할머니가 보내온 돈이었다. 자세한 내용을 들어본즉, 기도드리는 중에 김진홍 목사가 운영하는 학교에 체육관을 지어드려야겠다는 마음이 들어 보낸다는 사연이었다.

할머니는 미국에서 가발장사를 하시며 아직도 단칸방에 사시지만, 자라는 인재들을 뒷바라지하고 두레사역을 돕고자 하는 간절함이 있어 평생 모은 돈을 헌금한 것이었다.

할머니의 정성에 큰 감동을 받은 두레국제학교 교사들은 학생들과 의논하여 3층짜리 체육관 설계를 진행하였다. 건축예산을 뽑으니 28억이 나왔다. 14억이란 큰 금액이 들어왔지만 체육관을 짓는 예산의 절반이었다. 나머지 예산을 위하여도 마냥 기도드리는 길밖에 다른 도리가 없었다. 우리는 합심하여 기도드렸다.

"하나님, 14억을 주셨으니 나머지 14억도 길을 열어주실 줄 믿습니다. 우리는 믿음으로 기다리겠습니다. 응답하여 주시옵소서. 멋진 실내체육관을 지어 학생들이 마음껏 운동할 수 있도록 허락하옵소서."

그러던 중에 거래 금융기관인 의정부 신용협동조합에서 연락이 오기를, 두레마을에서 14억이나 입금시켜 놓고 왜 그냥 있느냐고 물었다.

"두레학교에서 실내체육관을 지으려 하는데 28억이 필요합니다. 미국에서 어떤 분이 14억은 보내왔는데 나머지 14억이 부족하여 기도하고 있습니다."
그 말을 듣고 신용조합 측에서 선뜻 답하였다.
"나머지 예산은 우리가 감당할 테니 공사를 시작하십시오."

우리는 감사함으로 체육관을 짓고는 준공예배 때 미국의 할머니를 초대하였다. 그러나 답이 오기를 "나는 기도 중에 응답 받고 하나님께 바친 헌금이니 내가 가서 얼굴을 비칠 필요가 없습니다. 초대해 주신 것은 감사하오나 참석은 하지 않겠습니다" 하셨다. 그렇게 은혜 가운데 지어진 체육관에서 지금도 학생들이 마음껏 뛰며 운동을 즐기고 있다.

두레국제학교 실내체육관

지금 우리나라 교육이 안으로부터 무너져 교실붕괴니 교육황폐니 하는 말들이 공공연하게 들린다. 두레학교는 이런 교육현실에서 성경에 바탕을 둔 신앙교육으로 한국교육을 살리자는 포부가 있다.

두레국제학교에 입학하면 학생들은 날마다 성경을 읽고 묵상하는 시간을 가진다. 일주일에 한 번 열리는 경건회는 내가 직접 인도한다.

두레국제학교의 교육에는 4가지 원칙이 있다.
1. 성경으로 훈련해 교회와 겨레를 위한 크리스천 일꾼을 기른다.
2. 매일 한두 시간 체육을 필수로 하여 튼튼한 체력을 기른다.
3. 영어교육 강화로 세계무대에 진출할 국제적 인물을 기른다.
4. 과학교육을 강조하여 과학입국의 인재를 기른다.

동두천
두레수도원을 열다

목사는 정년퇴직하는 나이가 70세다.
다른 직업에 비해 특혜를 받는 셈이다. 나 역시 70세에 은퇴하였다.
2011년 10월 3일, 목회 40년째 되는 해 은퇴예배를 드리는 자리에서 교인들에게 말했다.
"은퇴가 영어로는 'Retire 리타이어'인데 악센트를 앞에 붙이면 'Re-tire' 곧 바퀴를 다시 갈아 끼운다는 뜻이 됩니다. 새로 시작한다는 의미입니다. 내가 15년 전에 개척하여 6천여 명의 교인으로 자라게 된 구리 두레교회를 이제 나는 은퇴합니다. 그러나 내 목회생활을 은퇴하는 것은 아닙니다. 다시 시작하고자 합니다."

내가 다시 시작할 곳으로 선택한 자리가
지금 일하고 있는 동두천 두레마을 쇠목골이다.
내가 동두천을 점찍은 데는 3가지 이유가 있다.

첫째는 동두천이 지도상으로 한반도의 가장 중심에 위치하기 때문이다. 우리가 터를 잡은 쇠목골 앞산을 넘어가면 한국지적협회에서 세운 말뚝이 있다. 한반도의 가장 중심임을 말해주는 표지판이다.
앞으로 다가올 통일한국시대를 생각하며 한반도의 중심에 새로운 일터를 세우는 것이 의미가 있다고 생각하였다.

둘째, 동두천시의 비행청소년 수가 다른 시에 비해 2배가 넘는다는 통계를 보았기 때문이다. 동두천시가 그만큼 상처받은 가정이 많다는 것이다. 그런 곳에서 새 일을 시작하는 것이 지난 40년간 두레운동을 펼쳐온 내력과 통한다는 생각이 들었다.

셋째는 동두천시가 전국의 220여 자치 시·군들 중에 재정 자립도나 시민복지 등이 가장 꼴찌인 점에 관심이 갔다. 이왕 일하려면 지난 세월 힘써온 바대로 가장 어려운 지역을 섬기자는 생각으로 동두천을 선택하였다.
게다가 동두천은 미군이 오래 주둔하고 있기에 숲이 잘 보존되어 있는 점이 좋았다. 동두천에 살면서 구리 두레교회까지 지극정성으로 다니던 김순자 집사가 미군부대 뒤편에 있는 쇠목골 골짜기를 소개하였다.

나는 숲길을 깊숙이 들어가 개울물이 흐르는 골짜기에 작은 컨테이너를 놓고 일주일간 금식기도를 시작하였다. 이곳이 내 남은 인생을 걸고 일할 만한 곳인지 아닌지를 결정하기 위해서였다.

낮 동안에는 산골짜기를 구석구석 밟으며 살피고, 저녁나절부터는 기도하며 지나는 중에 이 골짜기가 일할 만하다는 확신이 왔다.

무엇보다 아무 쓸모없는 돌산인 점이 마음에 들었다.
이왕지사 개척하려면 좋은 땅에서가 아니라 이런 척박한 땅에 정성을 쏟아 젖과 꿀이 흐르는 복지로 변화시켜 나가는 것이 보람 있을 것 같아서이다. 한반도는 산이 많다. 남북을 합하여 국토의 70%가 산이다. 그 많은 산을 어떻게 활용하느냐가 앞으로의 국운을 결정하는 요소가 될 것이라 생각하였다.

그래서 구리 두레교회에서 퇴직금으로 받은 돈을 몽땅 투자하여 8만 평의 산을 구입하였다. 물론 도무지 쓸모없는 악산이었다. 그러나 일주일간 금식하며 기도하는 중에 이 악산에 20년을 투자하면 명산이 될 수 있을 것이란 응답을 얻었다.
그런 확신을 품고 시작하였기에 주위에서 나를 아끼는 사람들이 나무라기를 "치매끼가 있는 거냐? 그 나이에 이렇게 쓸모도 없는 산을 구입해서 무엇하겠다는 거냐? 늙어서 편안하게 살 생각을 않고 왜 이런 곳에서 또 일을 벌이려느냐? 노후자금을 그리 무모하게 낭비하여 어쩌느냐"고 충고 겸 권고를 했지만 흔들림이 없었다.

그런 말을 들을 적마다 오히려 나는 이렇게 답하였다.
"모르는 소리 말아라. 좋은 산, 좋은 땅을 구해 문진옥답에다 누가 일을 하지 못하겠느냐. 진정한 개척자라면 이렇게 쓸모없어 보이는 악산에서 작품을 만들어내는 거다. 10년만 기다려봐라. 이 골짜기가 천지개벽한 만큼이나 바뀌어 있을 것이다."
이제 9년째를 지나고 있다.
우리 마을을 방문하는 사람마다 그간의 변화에 놀라며 감탄한다.
"한 사람 때문에 이 버려져 있던 골짜기가 이렇게 변할 수 있는가!"

동두천 두레수도원

동두천 두레마을

2011년 10월 3일 개천절에 시작된 두레수도원은
설립취지로 누가복음 3장 21~22절 말씀을 돌에 새겨 입구에 세웠다.

    백성이 다 세례를 받을새 예수도 세례를 받으시고
    기도하실 때에 하늘이 열리며
    성령이 비둘기 같은 형체로 그의 위에 강림하시더니
    하늘로부터 소리가 나기를
    너는 내 사랑하는 아들이라 내가 너를 기뻐하노라 하시니라
    - 누가복음 3:21~22

이 말씀에서 두레수도원이 추구할 3가시 기도세목을 정히였다.

1. 하늘이 열리기를 간구합니다.
2. 성령이 임재하시기를 간구합니다.
3. 하늘로부터 소리듣기를 간구합니다.

나는 기독교 가정에서 태어나 평생 교회를 다니며 신학을 하였고, 목회한 세월만 해도 50년이다. 그러기에 나는 한국교회를 사랑한다. 나의 가정, 나의 가족과 같은 교회를 바로 잡고픈 마음이 용솟음친다.
내 남은 세월에 한국교회와 겨레에 기여할 점이 무엇일까를 고민하며
일주일간 금식기도하여 내린 결론이 있다.
한국교회에 가장 부족한 점이 영성의 깊이가 약한 점이라 여겨져 이를
보완하는 데 힘써야겠다는 생각을 하고 수도원을 세운 것이다.
그리고 바른 영성의 본질은 하늘이 열림과, 성령의 임재하심과
하늘로부터 임하는 소리를 듣는 것이라 판단하였다.

두레수도원이 실시하는 모든 행사는
이 3가지 기도제목을 응답받는 데 중심을 두고 있다.
기독교 신앙은 하늘이 열리는 데서 시작된다.

크게 보아 종교에는 두 가지 유형이 있다.
하늘의 종교와 땅의 종교다.
하늘의 종교는 하늘이 열리고 하늘로부터 계시가 임하는 데서부터 시작되는 종교로, 기독교가 대표적이다. 땅의 종교는 인간이 수행하고 고행하여 깨달음의 경지로 나아가는 종교이며, 불교가 대표적이다.

기독교 신앙은 하나님이 사람을 찾아오시어 부르심에서 시작된다.
하나님이 아브라함을 찾아오시고, 모세를 부르시고, 느헤미야를 선택하셨다. 신약에서도 예수님께서 고기 잡던 베드로를 부르시고, 바울에게 나타나셔서 사도로 세우셨다.

그래서 요한복음에서 이렇게 말씀하셨다.

> 너희가 나를 택한 것이 아니요 내가 너희를 택하여 세웠나니
> 이는 너희로 가서 열매를 맺게 하고 또 너희 열매가 항상 있게 하여
> 내 이름으로 아버지께 무엇을 구하든지 다 받게 하려 함이라
> - 요한복음 15:16

지금 한국교회의 시급한 과제는, 하늘이 열리도록 간구하여 성령의 충만함을 입고 하늘로부터 임하는 소리를 듣는 것이다.
서양교회가 범한 치명적인 오류가 하늘이 열리는 신령한 체험을 추구하지 못한 데서 비롯된다. 너무 분석적인 이론에 빠져들어 영적세계의 체험이 빈약해지면서 교회가 시들어갔다.
한국교회가 이런 오류를 되풀이해선 안 된다.

우리 민족이 특이하고 위대한 점은 나라가 세워진 날을 개천절(開天節)이라 이름지은 데서 드러난다. 나라가 시작된 날을 '하늘이 열린 날'이라 명명한 나라는 우리밖에 없다.

그래서 두레운동은 50년 전 주일이자 개천절인 날을 선택하여 1971년 10월 3일에 처음 시작되었고, 두레수도원 역시 2011년 10월 3일 개천절에 문을 열었다. 두레수도원의 사명은 이 땅에, 한국교회에, 그리고 각 사람의 심령에 하늘이 열리는 역사를 일으키는 데 있다.

'하늘이 열리기를 간구합니다'라는 기도제목에서
'간구한다'는 말에도 의미가 있다.
간구는 기도와 같은 말이지만 차이가 있다.
간구는 기도가 응답받을 때까지 끊임없이 드리는 기도다.
두레수도원은 그냥 기도드리는 곳이 아니다. 간구하는 곳이다.
두레수도원을 찾는 성도들이 자신의 기도제목이 응답받을 때까지
간구하여 응답받는 곳이 되어야 한다.

이와 더불어 두레마을에서 실천할 삶의 지표 세 가지가 있다.
1. 늙어서 일하자
2. 행복하게 살자
3. 베풀며 살자

돌이켜 보면 30세에 청계천 빈민촌에서 시작한 나의 선교사역이 사연도 많고 탈도 많았다. 혼자서 이리 뛰고 저리 뛰며 분주히 다니느라 시행착오를 많이 했다. 그런 중에 철이 들자 70세에 이른지라, 70부터나마 제대로 일해보자는 다짐으로 동두천 사역을 시작하였다.
감사하게도 나는 지금의 나날이 가장 안정되고 행복하다.
이대로 열심히 일하다가 하늘나라까지 가는 것이라 다짐하곤 한다.

그러기에 건강관리에 무척 마음을 쓴다.
오늘도 예배 마친 후에 두레수도원 눌레실 7킬로미터를 걸었다.

나이 들면서 건강관리 하는 데는 걷기가 제일이다.
산길을 즐겁게 걸으며 기도하고 찬송하는 행복을 어디에 비하랴!

금식수련회 참가자들과 함께

역류성 식도염이
치유되다

두레수도원의 첫 행사가 2012년 1월에 열린 10일금식기도 수련회였다. 처음이라 시설도 미비하고 프로그램도 엉성하고 모든 것이 서투른데도, 40명이 모여서 은혜받기를 작심하고 진지한 분위기에서 진행되었다. 제1회 금식수련회인지라 우리 부부도 동참하여, 나는 10일간 물만 마시며 산행을 함께 하면서, 매일 아침 9시와 저녁 7시에 두 시간씩 성경공부를 인도하였다.

그런데 당시 나는 건강상태가 매우 좋지 않았다.
구리 두레교회에서 마지막 목회하던 때 과로하고 스트레스를 많이 받아서 체력이 바닥으로 떨어져 있었다. 한 시간 예배를 드리면 지쳐서 두 시간 누워 있어야 할 정도였다.
거기에다 역류성 식도염이 심해져 몹시 시달렸다.
4년간 병원에 다니며 계속 치료를 받아도 낫지 않았나.

그런 상태로 두레수도원의 첫 10일금식수련이 시작되었다.
오래전 일본 후지산에서 10일금식할 때 날마다 산행했던 경험을 살려 왕방산 둘레길 7킬로미터 걷기를 고정 프로그램으로 넣었다.
금식수련회 중에 함박눈이 내렸다.
그럼에도 산행은 계속되었다.

모두 등산화에 아이젠을 묶고 쏟아지는 눈을 맞으며 눈 쌓인 산길을 걷는 길이 감동 그 자체였다. 40명 참가자들 중에는 70대도 있었다.
"어르신, 연세에 눈길을 걷기에 무리일 테니 방에서 쉬십시오" 하고 권

했으나 "아니요, 나를 노인이라 생각하지 마세요. 내가 앞장서서 걷겠습니다" 하며 오히려 앞서 산을 올랐다.

아직 아무도 걷지 않은 길, 산짐승조차 디디지 않은 눈길을 40명 동지들이 함께 눈을 밟으며 걸으니 운치가 있었다. 바싹바싹 눈 밟히는 소리가 마치 음악처럼 들렸다. 우리는 흥에 겨워 "참 아름다워라 주님의 세계는 저 솔로몬의 옷보다 더 고운 백합화…" 찬송을 부르며 눈 속을 헤쳐나갔다.

그렇게 금식수련이 진행되는 동안 날로 체력이 약해지는 것이 아니라 오히려 갈수록 힘이 솟았다. 금식을 해보면 시작한 후 3, 4일이 고비가 된다. 그 시기엔 어지럽기도 하고 두통이 생기기도 하고 배가 아프기도 한다. 어지러움을 느끼는 사람은 주로 빈혈이 있는 경우다. 평소 위나 장이 약한 사람은 복통이 오기도 한다. 커피를 많이 마시거나 담배를 피우거나 불면증에 시달리는 사람들은 두통이 나는 경우가 많다.

그런 증상을 명현현상이라 한다. 금식이 진행되면 자신의 가장 약한 부분에 먼저 통증을 느낀다. 그럴 때 약을 먹거나 금식을 중단하는 것이 아니라 기도하면서 견뎌내면 5, 6일이 지나면서 증상이 사라진다.

일본에서 함께 금식수련하던 일행 중에 마이니치신문 기자가 있었다. 그는 자기소개 시간에 담배를 끊고자 왔노라고 했다. 하루에 두세 갑씩

줄담배를 피워대는 버릇 때문에 건강을 해칠 것 같은 위기감이 들어서 바쁜 생활 중에 큰 결단을 내리고 특별휴가를 내어 참여했다는 것이다.

그런데 그는 금식 3일째를 넘어서자 온 몸에 심한 두드러기가 일어나 고통스러워했다. 지도자가 이르기를 몸 안에 쌓인 니코틴이 빠져나오는 현상이니 참고 고비를 넘기면 좋아질 것이라 했다.
두드러기가 워낙 심해 보는 사람마다 걱정할 정도라, 그가 죽기를 각오하고 견디는 모습이 퍽 안쓰러웠다.
그런데 일주일을 넘어서니 증세가 씻은 듯이 사라지고 맑은 피부로 바뀌었다. 금식 열흘이 지난 후 그는 그렇게도 끊기 어려웠던 담배를 끊은 것은 물론, 완전히 새로 태어난 기분이라며 감격해하였다.

나 역시 두레 10일금식수련 참여 후 획기적인 열매를 거두었다.
4년이 넘도록 시달려온 역류성 식도염에서 완전히 벗어나게 된 것이다. 그동안은 병원에 가서 진단 받고 약을 먹으면 조금 진정되는듯하다가 곧 재발하기를 되풀이하였다.
그렇게 4, 5년이 계속되니 하루는 주치의가 포기하면서 말했다.
"목사님은 식도염이 체질인 것 같으니 그냥 조심하며 사십시오."
"아니, 그런 체질도 있습니까?"
"가끔 그런 분들이 있습니다. 목사님의 경우가 체질성 역류성 식도염인 것 같습니다."

담당의사가 그렇게 말하니 나도 그런가 하며 지났는데, 10일금식이 끝난 뒤 식도염이 흔적도 없어진 것이다. 그래서 한 달쯤 지나 병원으로 가서 의사에게 농담 반 진담 반으로 말해주었다.

"선생께서는 돌팔이 체질이 있는가 봐요. 내 역류성 식도염이 체질이어서 치료가 안 된다 하시더니, 지난 달 10일간 금식한 후에 씻은 듯이 없어졌습니다."

의사도 계면쩍게 웃으며 말했다.

"허허, 내가 돌팔인가 보네요. 그런데 금식이 그렇게 효과가 있군요. 앞으로 그런 환자가 오면 두레수도원으로 보내야겠습니다."

역류성 식도염만 나은 것이 아니라, 10일금식 후로 건강상태가 현저하게 좋아져서 수도원 개척사역에 전력투구할 수 있게 되었다.

금식수련회 중 산행

금식기도의 근본목적은
살아계신 하나님을 만나서 영적으로 새로워지는 데 있다.
성령 받아 기쁨충만, 은혜충만, 감사충만의 경지로 나아가는 것이다.

2장
금식의 성경적 근거

성경에서는 구약에서 신약에 이르기까지 금식기도가 면면히 강조된다. 히브리어로 금식은, 'chom촘'이다. '끊는다, 절제한다'는 뜻으로, 일정 기간 음식을 끊고 기도에 집중함으로 시들어 있는 몸을 새롭게 하고 잠든 영혼을 깨운다는 뜻을 담은 단어다.

모세에서 시작하여 다윗·히스기야·엘리야·다니엘·느헤미야·에스더 같은 구약의 인물들이나 예수님을 비롯해 베드로·바울을 거쳐, 자신과 겨레와 교회가 한계에 부딪혔을 때 금식하며 하나님의 응답을 받아 활로를 열어나간 믿음의 용장들의 이야기가 성경과 교회사의 중심을 이루고 있다. 하나님의 사람들에게 금식은 삶의 일부였다.

불세출의 영웅 모세는 호렙산에 올라 40일을 금식하며 하나님과 교제하였다. 그 결과로 받은 언약문서가 십계명 돌판이다. 왕중왕인 다윗도

자신과 나라의 운명이 궁지에 몰릴 때마다 금식함으로 응답 받아 자신의 영성을 바로 세우고 민족을 이끄는 지도력을 높였다.

느헤미야도 금식기도로 불가능한 처지에서 개혁에 성공하여 허물어진 나라를 회복시켰다. 다니엘은 70년의 바벨론 포로생활을 금식기도로 종결짓고 새로운 역사의 문을 열었다.

예언자 엘리야는 목숨을 걸고 금식기도 드림으로 바알신을 섬기던 배반의 시대를 끝냈고, 에스더는 '죽으면 죽으리라'는 각오로 물조차 입에 대지 않은 금식기도를 결단하여 유대민족을 전멸당할 위기에서 구해냈으며, 예레미야는 쓰러져가는 조국을 생각하며 눈물어린 금식기도를 드렸기에 눈물의 선지자란 별명을 얻었다.

이스라엘은 영적 정치적 지도자들뿐 아니라 온 백성이 이스라엘 달력으로 매년 7월 10일에 금식에 동참하며 회개하였다.

> 너희는 영원히 이 규례를 지킬지니라
> 일곱째 달 곧 그 달 십일에 너희는 스스로 괴롭게 하고…
> 이 날에 너희를 위하여 속죄하여 너희를 정결하게 하리니
> 너희의 모든 죄에서 너희가 여호와 앞에 정결하리라
> - 레위기 16:29~30

"너희는 스스로 괴롭게 하고"라는 말씀은
그날 하루는 금식하므로 그렇게 표현한다.

구약의 역사는 금식기도의 역사라 할 만하다.
신약시대는 예수님이 유대광야에서 40일 금식하심으로 시작된다.
예수님의 뒤를 이어 교회를 이끌었던 사도들은 물론, 초대교회 성도들에게도 금식기도는 일상적인 관행이었다.

사도시대를 이어 사막교부들의 시대에는 깊은 영성을 추구하는 성도들이 인적이 끊어진 사막 깊숙한 곳으로 들어가서 속세를 멀리하고 영성수련에 몰두하였다. 이들에게도 금식기도는 빼놓을 수 없는 일과였다.

현대교회는 위대한 선조들의 이러한 기도전통을 점차 잊고 있다.
기도생활이 약해지는 만큼 세상을 향한 교회의 영향력 역시 약화될 수밖에 없다. 교회가 나라와 시대를 향해 선한 영향력을 회복하려면 두 가지를 갖추어야 한다.
1. 살아계신 하나님의 살아있는 말씀이 올바로 선포되는 강단이다.
2. 금식기도, 합심기도로 기도의 능력이 있어야 한다.

한국교회와 나라의 사정이 간절한 기도가 요청되는 때다.
하나님의 백성들이 금식하며 합심기도를 드리면
하늘보좌를 움직여 역사를 만들어가는 힘이 있다.
성경에서뿐만 아니라 교회사와 세계사를 살펴보면
국가가 흥하느냐 망하느냐의 갈림길에서 한 마음으로 금식기도하여 국난을 극복한 예는 허다하다.

미국 남북전쟁 때 남군에 '로버트 리'라는 명장이 있어 링컨이 이끄는 북군이 패전을 거듭하였다. 연전연승을 거듭한 남군이 수도 워싱턴을 향해 진격 중이었다.

그런 위기에서 링컨 대통령은 금식기도의 날을 선포하였다. 1863년 4월 3일 목요일이었다.

그날 대통령 부부로부터 모든 병사와 온 국민이 합심하여 금식하며 부르짖었다. 그 결과 다음 주에 게티즈버그 전투에서 리 장군이 이끄는 공격군이 완패하여 전쟁의 흐름이 뒤바뀌었다.

남군은 그 후로 재기하지 못하고 승리는 북군의 편이 되었다. 합심하여 금식기도 드리는 것이 얼마나 강력한 무기인지를 보여주는 사례다.

우리 역사에서도 마찬가지다.

1945년 일본의 압제로부터 8월 15일 해방된 후 온 나라가 기쁨에 넘쳤으나, 그해 12월 28일에 유엔의 신탁통치 결정이 내려졌다. 조선은 아직 스스로 나라를 다스릴 자격을 갖추지 못했기에 유엔이 대신 5년간 통치한다는 결정이었다.

그렇게 되면 그 혼란을 틈타 한반도 전체가 공산화될 조짐이 분명하였다. 북녘의 김일성은 재빠르게 이를 받아들인다는 성명을 발표하였다. 그러나 남한의 민족진영은 이승만·김구·김규식 등의 지도자들을 중심으로 뭉쳐 유엔신탁통치를 결사반대하기로 결의하였다.

이런 민족적인 위기에 한국교회는 1946년 1월에 전국 교회가 힘을 모아 이 안을 저지하기로 합의하고 신도들에게 금식기도를 선포하였다. 온 교회가 이에 호응하여 나라를 지키기 위한 기도에 동참하였다.

결국 유엔 신탁통치안은 파기되었다. 그리고 자유선거가 가능한 남한부터 선거를 실시하여 대한민국이 세워지게 되었다. 지금은 다시 통일 한국시대를 열어나가기 위해 온 성도들이 금식하며 기도드릴 때다.

성경에서 금식기도로 역사를 변화시킨 사례 몇 가지만 살펴보자.

금식수련회 산행 전 기도

사무엘의
미스바 금식성회

사무엘은 이스라엘 역사에서 무정부상태였던 사사시대에서 왕정기로 넘어가는 과도기에 백성을 이끈 인물이다. 위대한 하나님의 사람 사무엘의 탄생도 어머니 한나의 금식기도를 통해 이루어졌다.

> 한나가 마음이 괴로워서 여호와께 기도하고 통곡하며…
> 엘리가 대답하여 이르되 평안히 가라
> 이스라엘의 하나님이 네가 기도하여 구한 것을
> 허락하시기를 원하노라 하니…
> 당신의 여종이 당신께 은혜 입기를 원하나이다 하고
> 가서 먹고 얼굴에 다시는 근심 빛이 없더라 - 사무엘상 1:10~18

블레셋 족속이 이스라엘을 압박하여 나라의 운명이 바람 앞의 등불 같이 흔들릴 때, 사무엘은 백성을 미스바에 모이게 하여 금식하며 여호와께 부르짖었다. 지난날의 죄를 회개하며 기도하였다.

> 사무엘이 이르되 온 이스라엘은 미스바로 모이라
> 내가 너희를 위하여 여호와께 기도하리라 하매
> 그들이 미스바에 모여…그날 종일 금식하고 거기에서 이르되
> 우리가 여호와께 범죄하였나이다 하니라 - 사무엘상 7:5~6

그렇게 금식기도가 끝난 후 모두가 한마음으로 뭉쳐서 블레셋 강적을 격파할 수 있었다. 금식하며 드린 회개의 기도로 국난을 극복한 것이다. 그 후 사무엘이 기도에 응답하신 하나님께 감사하여 '여호와께서 여기까지 우리를 도우셨다' 하고 에벤에셀 돌단을 세웠다.

동두천 두레마을

금식기도로 성공한 느헤미야의 개혁운동

느헤미야는 이스라엘 역사가 중단되는 비운을 맞았을 때 불가능한 조건을 극복하고 개혁에 성공한 인물이다.
그의 성공 비결은 단 하나다.
기도로 시작하고 기도로 진행하고 기도로 마무리하였다.
그가 바벨론에 포로로 끌려와서 각고의 노력으로 왕궁의 주요 자리에 올라 있을 때였다. 고국에서 동생이 찾아왔기에 나라의 사정을 물었더니, 예루살렘 성은 허물어지고 성문들은 불탔다는 비보를 전했다.

> 내가 이 말을 듣고 앉아서 울고 수일 동안 슬퍼하며
> 하늘의 하나님 앞에 금식하며 기도하여 이르되…
> 주를 사랑하고 주의 계명을 지키는 자에게
> 언약을 지키시며 긍휼을 베푸시는 주여 간구하나이다
> - 느헤미야 1:4~5

먼저 그는 조국의 비극적인 상황에 직면하여 금식기도를 한다. 이렇게 시작된 느헤미야의 개혁운동은 길이 막힐 적마다 금식하며 부르짖어 응답받음으로 이스라엘의 중단된 역사를 다시 일으킬 수 있었다.

왕방산에 폭 안긴 동두천 두레마을

다니엘의
구국 금식기도

다니엘은 소년일 때 바벨론에 포로로 끌려가서 재상의 자리에까지 오른 대단한 인물이다. 그의 성공비결은 십대후반부터 비롯되었다. 적국에 사로잡힌 현실에 좌절하지 않고 타협하지도 않고 극복하는 길을 찾아내었다.

> 다니엘은 뜻을 정하여 왕의 음식과 그가 마시는 포도주로
> 자기를 더럽히지 아니하리라 하고 - 다니엘서 1:8

그는 왕궁에 거하면서 자신을 지키기 위해 삶의 원칙 3가지를 정했다.
1. 왕실 산해진미에 물들지 않고 채식하는 절제생활을 한다.
2. 온갖 술을 입에 대지 않는 금주생활을 한다.
3. 떠나온 조국을 향해 하루 세 번 기도드린다.

다니엘은 이 3가지 결심한 사항을 목숨 걸고 지켰다.
시기질투한 적들의 모함으로 기도드리면 죽게 되는 법을 알고도
평생 지켜온 바대로 예루살렘을 향한 창문을 활짝 열고 기도했다.

> 다니엘이 이 조서에 왕의 도장이 찍힌 것을 알고도
> 자기 집에 돌아가서는 윗방에 올라가 예루살렘으로 향한 창문을 열고
> 전에 하던 대로 하루 세 번씩 무릎을 꿇고 기도하며
> 그의 하나님께 감사하였더라 - 다니엘서 6:10

이런 다니엘의 정성으로 사자굴에서도 살아날 수 있었고, 마침내 조국
으로 돌아가는 길이 열렸다.
이는 일찍이 다니엘이 예루살렘에서 바벨론 군대에 잡혀 끌려오던 때
하나님의 사람 예레미야를 통해 예언된 말씀이었다.

> 이 민족들은 칠십 년 동안 바벨론의 왕을 섬기리라
> 여호와의 말씀이니라
> 칠십 년이 끝나면 내가 바벨론의 왕과 그의 나라를…
> 벌하여 영원히 폐허가 되게 하되 - 예레미야 25:11~12

드디어 70년 전 예언된 해방의 그날이 왔다.
페르시아의 3대왕 다리오가 제위에 오른 해다.
다니엘이 평생의 습관대로 여호와의 말씀을 묵상할 때

예레미야가 선포한 해방되는 해임을 깨닫자 먼저 금식기도를 한다.

> 메데 족속 아하수에로의 아들 다리오가
> 갈대아 나라 왕으로 세움을 받던 첫 해
> 곧 그 통치 원년에 나 다니엘이 책을 통해
> 여호와께서 말씀으로 선지자 예레미야에게 알려주신
> 그 연수를 깨달았나니
> 곧 예루살렘의 황폐함이 칠십년 만에 그치리라 하신 것이니라
> 내가 금식하며 베옷을 입고 재를 덮어쓰고
> 주 하나님께 기도하며 간구하기를 결심하고 - 다니엘서 9:1~3

그는 하나님의 섭리가 이루어져 민족이 해방되기를 금식하며 간구했다. 그 기도가 하늘보좌를 움직여 천사 가브리엘이 다니엘을 찾아왔다.

> 곧 내가 기도할 때에…
> 가브리엘이 빨리 날아서…내게 이르더니
> 네가 기도를 시작할 즈음에 명령이 내렸으므로
> 이제 네게 알리러 왔느니라
> 너는 크게 은총을 입은 자라…
> 네 백성과 네 거룩한 성을 위하여 일흔 이레를 기한으로 정하였나니
> 허물이 그치며 죄가 끝나며 죄악이 용서되며…
> 또 지극히 거룩한 이가 기름 부음을 받으리라 - 다니엘서 9:21~24

일찍이 예레미야 선지자를 통해 예언된 말씀도
다니엘이 금식하며 기도드릴 때 현실로 성취되었다.
금식기도는 역사를 만들고 변화시키는 원동력이다.

예수님의
40일 금식기도

예수님은 30세 되던 해에 사역을 시작하셨다.
사역을 시작하시기 전에 먼저 광야로 나가서 40일 금식하셨다.
금식으로 마귀의 시험을 이기시고 사역을 성공적으로 이루어가셨다.

> 그때에 예수께서 성령에게 이끌리어
> 마귀에게 시험을 받으러 광야로 가사
> 사십 일을 밤낮으로 금식하신 후에 주리신지라 - 마태복음 4:1~2

예수께서 금식 후에 겪으신 3가지 시험은
모든 인간 실존이 통과해야 하는 공통의 시험이다.

1. 돌이 떡이 되게 하라는 물질의 시험
2. 성전 꼭대기에서 뛰어내리라는 인기와 세속적 명예의 시험

3. 사탄에게 절하면 만국을 주겠다는 권력의 시험

이 세 가지는 예나 지금이나 모든 사람에게 현실로 다가오는 시험이다. 금식기도는 이런 세상의 시험을 이기는 능력을 준다.

동두천 두레마을의 트리하우스

오순절 성령충만을
기다리는 금식기도

부활하신 예수님께서 올리브산에서 제자들이 보는 앞에서 승천하셨다.
신비의 책인 성경 중에서도 가장 신비한 부분이 승천하시는 장면이다.

> 이 말씀을 마치시고 그들이 보는데 올려져 가시니
> 구름이 그를 가리워 보이지 않게 하더라
> 올라가실 때에 제자들이 자세히 하늘을 쳐다보고 있는데
> 흰 옷 입은 두 사람이 그들 곁에 서서 이르되
> 갈릴리 사람들아 어찌하여 서서 하늘을 쳐다보느냐
> 너희 가운데서 하늘로 올려지신 이 예수는
> 하늘로 가심을 본 그대로 오시리라 하였느니라
> – 사도행전 1:9~11

이 신비로운 장면을 목격한 120여 명은 그냥 흩어질 수 없었다.

일행은 어느 다락방으로 가서 합심기도에 전념했다.

> 여자들과 예수의 어머니 마리아와 예수의 아우들과 더불어
> 마음을 같이하여 오로지 기도에 힘쓰더라 - 사도행전 1:14

짐작컨대 그들은 먹는 것 자는 것을 잊고 오직 기도에 전념하였다. 그런 중에 오순절이 다가왔고, 드디어 하늘로부터 성령이 임하여 모인 무리가 전부 성령충만케 되었다.

> 오순절 날이 이미 이르매…
> 홀연히 하늘로부터 급하고 강한 바람 같은 소리가 있어
> 그들이 앉은 온 집에 가득하며
> 마치 불의 혀처럼 갈라지는 것들이 그들에게 보여
> 각 사람 위에 임하여 있더니
> 그들이 다 성령의 충만함을 받고
> 성령이 말하게 하심을 따라 다른 언어들로 말하기 시작하니라
> - 사도행전 2:1~4

이날이 바로 교회가 시작된 날이다.
예수님의 제자들이 금식하며 오로지 기도에 힘쓰던 오순절에
예수님의 영인 성령님께서 충만히 임하여 역사의 새로운 장이 열렸다.

두레수도원의 겨울

금식기도로
첫 해외선교가 시작되다

오순절에 성령이 임하심으로 시작된 예루살렘 교회는 부흥에 부흥을 이루어, 현재 터키 남쪽까지 이르러서 안디옥 교회가 세워졌다. 예루살렘 교회가 유대인 선교 중심이었다면, 안디옥 교회는 바울과 바나바가 섬기면서 이방인 선교의 중심역할을 하였다.

이 안디옥 교회 성도들이 열심히 주를 섬기며 금식기도 드리는 중에, 성령님께서 하나님의 뜻을 알려주시고 특별한 사명을 맡기셨다.

바로 첫 해외선교사의 파송이다.

> 주를 섬겨 금식할 때에 성령이 이르시되
> 내가 불러 시키는 일을 위하여
> 바나바와 사울을 따로 세우라 하시니
> 이에 금식하며 기도하고 두 사람에게 안수하여 보내니라
> - 사도행전 13:2~3

교회사의 첫 선교사 파송은 금식기도를 통해 이루어졌다.
바울의 세 번에 걸친 해외선교여행 중 첫 발걸음이었다.
안디옥 교회에서 시작된 첫 해외선교가 이처럼 금식기도로부터 시작되었다는 사실이 뜻 깊다.
바울과 바나바의 파송 이후 지금에 이르는 2천년 선교역사에서 금식기도의 뒷받침이 없었다면 어찌 오늘의 세계교회가 있었겠는가.

특히 로마제국의 모진 박해를 받던 2백년 넘는 세월 동안 초대교회 성도들은 자신의 영혼과 교회를 지키기 위해 목숨을 걸고 금식하며 전도에 헌신하였다.
그런 고난의 시기를 극복하고 313년에 교회가 로마제국으로부터 공인된 후로는 박해시대와는 다른 어려움이 닥치게 되었다. 교회가 세속권력에 의해 보호받고 신앙생활이 편해지면서 교회는 부패하기 시작하였다.

그래서 일어난 운동이 수도원 운동이다.
2천년 교회사에서 수도원은 교회가 세속에 물들 때는 교회를 정화시키는 파수꾼의 역할을 맡았고, 교회가 핍박을 받을 때는 교회를 지키는 보루가 되었다. 그런 사명을 감당하면서 수도원은 금식기도를 통해 수도사들의 영성을 지키고 성도들의 믿음을 이끌었다.

두레수도원의 금식수련회는 교회사에 면면히 이어져오는 이런 금식수련의 전통을 이어가는 영성수련이다.
금식기도는 자신의 영성을 높이고
살아계신 하나님의 뜻을 물으며
하나님의 인도하심을 받는 일에 최상의 지름길이다.

두레수도원 가는 길

금식기도의 근본목적은
살아계신 하나님을 만나서 영적으로 새로워지는 데 있다.
성령 받아 기쁨충만, 은혜충만, 감사충만의 경지로 나아가는 것이다.

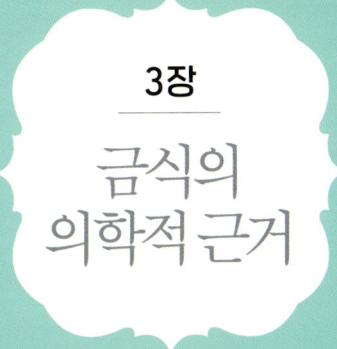

3장
금식의 의학적 근거

감수 허인 박사
고려대 의대 졸업. 미국 시카고 쿡 카운티 Cook County 병원 심장내과 전문의

면역력 강화

금식기도의 첫째 목표는 영적 수련이다.
깊은 영성을 추구하여 궁극적으로 자신의 사명을 깨닫는 것이다.
그러나 금식기도의 효력은 이에 머물지 않는다.
육체의 건강증진에도 탁월한 힘을 발휘한다.
금식의 치유능력에 대하여는 의학적으로도 충분히 증명된 바다.

개·고양이·소 같은 짐승들은 병이 들거나 부상을 입어 생명의 위협을 느끼면 금식하여 스스로 치료하고 회복한다. 나는 어린 시절에 경상북도 청송군 두메산골에서 자랐다. 어느 날 집에서 기르던 개가 병이 들자 자취를 감추어 가족들이 섭섭해하고 걱정하였다.
그런데 며칠 후 온 몸에 흙을 묻힌 채 바짝 마른 모습으로 돌아왔다.
그간에 마을 한켠에 쌓인 황토구덩이에 몸을 묻고는 여러 날 금식하며 병을 치료한 것이다. 금식하는 중에 자연치유력이 높아져 선상이 회복되는 것을 본능적으로 알았기 때문이다.

먹지 않을 때 면역력이 높아진다는 사실을 동물은 아는데 사람만 모른다. 그래서 잘 먹어야 나을 수 있다는 생각으로 영양식을 챙겨 먹고 보약을 지어 먹는다. 위장을 비롯해 몸이 쉬어야 할 때 오히려 과욕을 부려 건강을 그르친다.
성인병의 대부분이 너무 잘 먹어서 생긴다.
먹어서 생긴 병은 먹지 않음으로 고쳐진다는 것은 자연의 이치다.
먹지 않을 때 면역이 강화되기 때문이다.

면역은 '역, 곧 질병을 면'하기 위해 몸이 갖추고 있는 능력이다.
혈액 속을 떠다니는 아메바처럼 생긴 백혈구라는 단세포 생물의 힘을 말한다. 우리가 배부르게 먹고 마시면 음식물의 영양소가 위장에서 혈액으로 흡수되어 혈중 영양상태가 좋아진다. 그러면 영양소를 잔뜩 먹은 백혈구도 배가 불러 외부에서 병원균이 침입하거나 체내에 암세포가 발생해도 먹으려 하지 않는다. 따라서 면역력이 떨어지게 되는 것이다.

거꾸로 음식을 먹지 않아 공복일 때는 백혈구도 배가 고파 이물질을 잘 먹어치운다. 노폐물·유독물·병원균 등을 먹고 처리하는 능력, 즉 면역력이 높아진다. 그러므로 병에 걸리면 인체는 식욕부진이라는 강제적 공복상태를 만들어 병을 고치려고 하는 것이다.
이것이 자연치유력이다.

면역력을 강화하기 위한 최고의 방법이 바로 금식이다.
먹은 것을 소화하느라 효소가 쓰이지 않으므로 세포의 재생능력이 높아지고 피도 깨끗해진다. 먹지 않으면 장기가 쉬면서 장벽에 들러붙어 있던 노폐물도 제거되고, 체내 독소가 말끔히 배출된다. 장내에는 유익균이 되살아나 면역이 높아진다. 그러므로 '금식은 칼이 필요 없는 수술'이라 할 정도로 질병의 탁월한 치료법이다.
정기적으로 금식을 실천하면 효과는 더 커진다.

자가포식 작용

2016년 일본 도쿄공업대 명예교수인 오스미 요시노리 박사가 인체의 '자가포식 작용'을 50년간 체계적으로 연구하여 노벨생리의학상을 수상하였다. 자가포식(自家包食 오토파지Autophagy)이란 말 그대로 '자신을 먹는다'는 뜻이다. 우리 몸이 생존을 위해 영양분이 필요하다고 느낄 때, 몸 이곳저곳의 망가진 세포를 분해하여 에너지원으로 사용하는 작용을 말한다.

그런데 자가포식이 일어나려면 영양결핍상태가 되어야 한다.
위장에 음식이 없는 상태, 즉 배고플 때 우리 몸은 생존을 위해 세포 안의 노폐물을 재활용하는 것이다.
음식을 계속 먹어서 영양공급이 넘치면 쓰레기를 재활용할 이유가 없으므로 자가포식 활동이 중단된다. 그래서 병이 든다. 세포가 스트레스를 받거나 세균에 감염되면 세포 내에 불필요한 단백질 찌꺼기가 생기는데, 이것이 제거되지 않고 계속 쌓여서 치매·비만·파킨슨병 등 각종 질병과 암에 걸리는 것이다.

이런 원리로 자가포식 활동을 인위적으로 유발하여 인체의 생존력을 강화하는 처방이 금식이다. 여러 날 음식을 끊고 물만 마실 때 우리 몸은 신비한 능력을 발휘하여 세포 안의 찌꺼기를 먹어치우고, 그 자리에 새로운 세포를 만들어 채우는 대청소를 한다.
그 결과 질병이 치유되고 노화가 방지된다.

동두천 두레마을

장수유전자 시르투인

또한 최근 의학에서는 장수유전자인 '시르투인Sirtuin 유전자'를 발견하였다. 다양한 동물들에게 먹이의 양을 달리하여 생존기간을 관찰해보니, 먹이를 평소의 절반 정도 줄였을 때 수명이 1.5배 늘었다. 게다가 많이 먹은 동물은 털이 빠지고 피부가 처지면서 노화가 진행되었으나, 식사를 제한한 쪽은 털에 윤기가 흐르고 피부에도 탄력이 생겨났다.

이런 실험결과로부터 '생물이 기아상태에 처할 때 어떻게든 생명을 유지하도록 활성화되는 유전자가 있을 것'이라는 추측을 바탕으로 연구하여 발견한 것이 시르투인 유전자다.
우리 몸은 굶주림에 빠지면 목숨을 부지하기 위해 대책을 강구한다.
위장에 음식이 없는 공복상태에서 이 유전자가 활성화되어, 몸 전체 50조 개에 달하는 세포에 발생한 유전자 이상을 모두 조사하고 복구하여 살아남는 힘을 준다.

이 '세포수리공' 유전자는 뱃속에서 꼬르륵 소리가 나야 비로소 활동하기 때문에 금식이 주는 건강의 비결, 치유의 힘이 여기에 있다.
금식을 주기적으로 반복하면 이 시르투인 유전자의 활동스위치가 켜져서 점점 젊어지고 건강해진다.

6000년 전 이집트 피라미드의 비문에 이런 말이 있다.
사람은 먹는 양의 4분의 1로 산다.
나머지 4분의 3은 의사를 배부르게 한다.
병은 과식에서 오는 것임을 이미 고대사회도 알았던 것이다. 하물며 기계의 발달로 움직임이 별로 없는 현대인의 생활에서 (육체노동자가 아니라면) 세끼를 꼬박꼬박 챙겨먹는 것 자체가 과식이라 할 수 있다.
일본속담에는 "배8부에 병 없고 배12부에 의사 없다"는 말도 있다.
일본인은 소식하는 국민으로 널리 알려져 있다.
그래서 일본의 평균수명이 세계에서 가장 높은 수준에 달한다.

금식수련회 산행 중 드디어 정상!

암 예방과 치료

근래 들어 날로 늘어나는 병이 암이다.
금식은 암도 예방하고 치료한다는 여러 연구 결과가 있다.
보스턴 칼리지의 생물학 교수 토마스 세이프리드는 "일 년에 한 번 7~10일간 물만 먹는 단식을 하면 암 예방에 효과적"이라 했고, 캘리포니아 대학의 마크 헤라스타인 박사는 "단식하면 세포에 항암효과를 가져온다. 쥐를 이틀에 하루씩 단식시켰더니 체세포 분열속도가 확실히 떨어졌다. 세포분열이 느려지면 암 발생 위험을 줄일 수 있다"는 사실을 실험으로 증명하였다.

암은 과식병이라 할 수 있으며
금식하면 암 예방이 가능하다는 말이다.
한자로 암癌이란, 음식을 산처럼 쌓아놓고 입 세 개로 먹어치운다는 뜻을 담고 있다. 독일의 뷰힌겔 박사는 요양소 뷰힌겔 사나토리움에서 50

여 년간 약 8만 명의 환자를 단식으로 치료했는데, 이 경험을 토대로 "금식은 어떤 병도 고칠 수 있는 최고의 수단"이라고 했다.

또한 금식하면 성장호르몬 분비가 늘어나 지방연소 · 근육성장 · 대사 증가가 활발해져 노화방지 효과가 크다.
금식 중에는 뇌에서도 내면의 안정과 평화를 유도하는 알파파가 나오고 쾌감호르몬인 엔돌핀이 생성되어, 정신적 긴장을 해소하는 데도 도움이 된다. 알파파 상태에서는 이완신경인 부교감 신경이 활발하여 면역력이 높아지므로 여러 질병의 치유가 촉진되는 것이다.

노벨 의학상을 받은 알렉시스 카렐 박사는
〈인간의 조건〉이라는 책에서 금식의 유익에 대해 이렇게 말한다.
"금식요법은 만병을 치유하는 비밀스런 열쇠다.
몸 안의 독소 · 지방 · 숙변 · 울혈 · 활성산소를 없애주고
식욕중추의 제어기능을 회복한다.
현대병으로 고통받는 사람은 물론
건강증진이나 체력향상을 도모하는 사람에게
가장 고마운 건강법이 금식이다."

금식은 수천 년 동안 거의 모든 문화와 종교에서 행해진
가장 오래되고 널리 보급되어 그 효과가 입증된 치유법이다.
고대 그리스의 철학자이자 수학자인 피타고라스는

"사람의 병은 많이 먹는 데서 온다.
될 수 있으면 적게 먹어라.
그러면 몸도 튼튼해지고 정신도 바로 설 것이므로
질병의 신도 너를 어쩌지 못할 것이다"라고 했고
자신도 검은 빵과 채소·과일·꿀 등 정제되지 않은 음식을
하루 두 끼만 먹으며 장수했다.

고대 그리스 작가이자 역사가인 플루타르크는
"약보다 금식이 더 좋다"고 썼고
중세 스위스의 의사 파라켈수스는
"단식은 가장 좋은 치료법이자 내면의 의사"라고 했다.

금식수련회 마지막 날 행복한 죽파티~

치유사례

출애굽기 15장은 우리가 믿는 하나님을 '여호와 라파' 치료하시는 하나님이라 하였다. 금식수련은 치유하시는 하나님을 만나는 기회가 된다. 두레 10일금식수련 중에도 지병이 낫는 예가 허다하다. 금식하면서 말씀과 기도에 집중하는 가운데 하나님의 치유 역사가 뒤따르는 것이다.

참가자 중에 50대의 자매는 아토피가 심하여 3년 전부터 밤에 잠을 이루지 못한 채 긁고 긁었으나, 금식하는 동안 가려움이 사라져 3년 만에 처음으로 숙면했다 하여 참가자 모두가 박수로 축하해 주었다.

심한 아토피에 시달려 목회를 중단했던 30대의 목사도 밤마다 진물이 흘러 잠을 못 잘 정도였는데, 금식 일주일 후부터 회복되기 시작하더니 8일째 아토피가 사라져 지금은 건강하게 목회하고 있다. 어느 회사의 경영인은 무려 50년간 시달려온 누드러기 증세에서 해방되었다.

금식은 최고의 피부미용법이다. 먹지 않는 동안 피가 깨끗해져 여드름도 사라지고 피부가 맑아져 윤이 난다.

부산에서 온 한 자매는 7년간 손가락 마디마다 류마티스 통증으로 고통당했는데 금식 7일째부터 통증이 사라졌다. 한 장로님은 오랜 간경화증이 치료되었고, 특히 고혈압·당뇨·위장병 등이 그동안 두레수도원의 금식수련회에서 호전되거나 낫는 사례가 많았다.
그런 체험을 다 소개하려면 지면이 부족할 것이다

특히 두레 금식수련에서는 매일 산행 후에 황토면역치유실 프로그램에 2시간 동안 참여하여, 갖은 질병의 치료효과를 더욱 획기적으로 높인다.

이 치유실을 열게 된 사연이 있다.
몇 년 전 울산에서 일어난 사건이 계기가 되었다.
초등학생인 아들이 아토피로 밤마다 고통에 시달리는 모습을 견디다 못해, 소년의 어머니와 소년이 함께 자살하였다.
이 뉴스를 접하고 나서 나는 아토피 환자들에게 관심을 기울이기 시작했고, 아토피에 시달리는 사람들이 생각보다 많음에 놀랐다. 그 뒤로 두레마을 공동체가 그들을 도울 수 있는 길이 무엇일까 탐색하였다.

아토피는 불치병이 아니라 정성들여 돌보면 완치될 수 있음을 알게 되었고, 마침 아토피를 비롯한 여러 질병 치유에 도움을 줄 수 있는 분을 만났다.

가평에 사시는 월드황토의 조정태 대표다. 그는 진실한 크리스천이면서 특허를 52가지나 받아놓은 발명가다. 특히 황토면역치유시설을 개발하여 질병에 시달리는 많은 이를 돕고 있었다. 황토방은 특히 당뇨·비만 등의 성인병과 아토피 같은 피부질환에 뛰어난 효과를 발휘한다.

한 예로, 어느 방송국의 피디가 심한 아토피로 다리 피부가 마치 나무껍질처럼 변한 상태였는데, 조정태 대표의 황토실에서 한 달간 치료받은 후 정상적인 피부로 회복되었다.

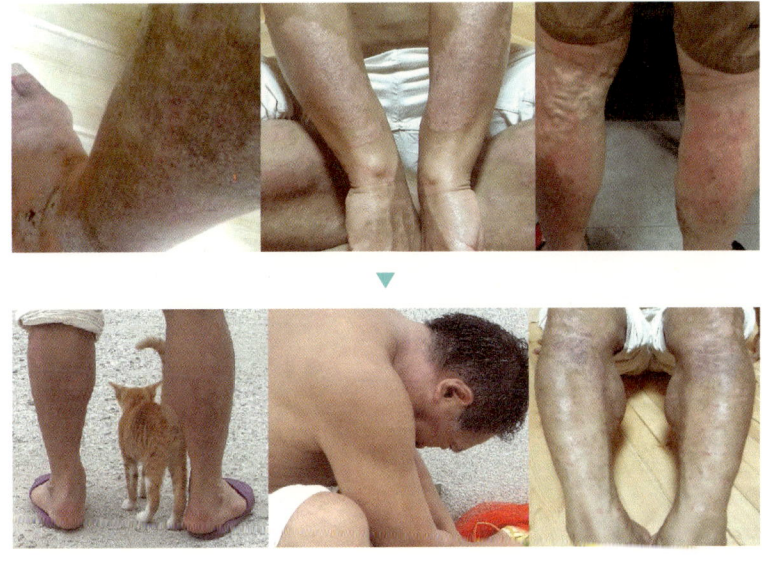

황토면역치료실에서 30일 치료 후

나는 이런 사례들을 직접 접하고 나서 두레마을에 조 대표가 개발한 황토면역치유시설을 설치하였다.

특수한 열이 치유에 효력이 있음은 의학계에서 일반화된 상식이다. 의성(醫聖)이라 불리는 히포크라테스도 열 치료에 대해 이렇게 말했다.

> **약으로 치료할 수 없는 병은 수술로 고치고
> 수술로 치료할 수 없는 병은 열로 고치고
> 열로 치료할 수 없는 병은 고칠 수 없다.**

동두천 두레마을의 황토면역치유실

내가 10여 년 전 독일에 갔을 때다.

평소 성인병 환자들의 치유에 관심이 많아서 독일을 방문한 걸음에 치유센터들을 둘러보았다. 독일은 그런 곳에서 요양하는 것도 의료보험 혜택을 받기에 전국에 700개가 넘는 요양시설이 있었다.
한국은 경관 좋은 데마다 주로 러브호텔이나 불고기집이 자리 잡고 있지만, 독일은 공기 좋은 곳곳에 요양센터가 세워져 있다.

그런 요양원들은 저마다 전문분야가 있어서 암환자 전문, 당뇨환자 전문, 과로한 노동자들의 휴식 전문 등으로 나뉘어 있었다.
내가 방문한 곳은 암환자들의 요양센터였다.
시설을 돌아보는 중에 '열 치료실(Heat Therapy Room)'이란 간판이 있기에 암환자와 열 치료가 무슨 상관이 있느냐고 물었다.
안내자가 답하기를, 암세포는 고온에 약해서 42도 이상으로 열을 가하면 치유회복에 큰 도움이 된다고 일러주었다.

조정태 선생이 두레마을에 설치한 황토면역치유실은 그런 원리에 근거한 시스템이다. 치유실의 황토벽에 설치된 난로에서 400도에 이르는 특수광선이 나와 몸속에서 치유가 일어나도록 설계되어 있다.
온도계로 재면 분명히 400도지만, 실내에서 그 광선을 쬐는 사람은 고열을 느끼지 못하고 쾌적한 기분을 갖는다.

이용 순서를 소개하면, 먼저 옷을 완전히 벗고 치유실에 준비된 무명옷으로 갈아입는다. 일차로 45분간 땀을 내고 15분간 밖으로 나와서 준비된 약차를 마시며 쉰다. 2차로 다시 입실하여 45분을 지난다.
2시간 동안 황토치유실을 체험한 후에는 온몸이 땀으로 젖어 가뿐하고 힘이 솟는다. 그 후 일반 찜질방과는 달리 그대로 땀을 말리고, 샤워나 목욕은 최소 12시간이 지난 후에 한다.

그간의 결과를 보면 여러 질환 치유에 큰 효과가 있었다.
그 중에서도 아토피 환자에게 가장 탁월하다.
두레 10일금식수련회에 참가한 어느 자매는 초등학교 때 친구들의 따돌림에 시달리면서 아토피가 발생하여 30대 중반에 이를 때까지 온몸이 헐고 헐어, 이곳에 오던 때는 피부가 마치 나무껍질을 두른 것 같았다.

그런데 금식과 황토방으로 아토피가 많이 낫는 것을 경험한 후, 두레마을에 1년가량 머물면서 황토실 치유를 지속하여 상당히 많이 호전되었다. 오빠가 피부과 의사인데도 고칠 수 없었는데, 10일금식과 황토면역치유실을 통해 기적같은 결과를 맛보게 되어 행복해하는 모습에 큰 보람을 느낀다.

아토피뿐 아니라 천식·만성비염·대상포진 등으로 고생하던 이들도 두레마을의 황토치유실을 이용하면서 현저하게 회복되고 있다.
그렇다고 이 시스템이 만병통치란 말은 절대 아니다.
다만 오래도록 여러 가지 지병으로 시달려온 이들이 금식과 병행하여 이용할 때 도움이 됨을 언급하는 것이다.

금식수련이 영성수행 뿐 아니라 건강증진에도 탁월한 효력이 있음은 동서고금의 모든 고등종교와 심신수련 단체에서도 증명된 사실이다. 종교 비종교를 막론하고
모든 금식수련에서 전해 내려오는 공통된 격언이 있다.

　7일 금식은 육신을 변화시킨다.
　14일 금식은 정신을 변화시킨다.
　21일 금식은 영혼을 변화시킨다.

이 시대는 먹지 못해서보다, 너무 먹거나 잘못 먹어서 병든 사람이 더 많다. 그리고 술·담배·커피·약물 등을 적절한 선에서 절제하지 못하여 건강을 해치는 경우도 흔하다.
이는 단순히 음식의 문제 이전에 마음의 문제다.
자신을 통제하지 못하는 마음 탓이다.
흐트러진 마음을 다스리는 데는 금식수련 같은 특별한 계기가 필요하다. 그러므로 현대인에게 금식수련은 필수라 할 수 있다.

금식기도의 근본목적은
살아계신 하나님을 만나서 영적으로 새로워지는 데 있다.
성령 받아 기쁨충만, 은혜충만, 감사충만의 경지로 나아가는 것이다.

4장
두레수도원 금식수련회

동두천 두레수도원은 2011년 개원한 이래 매년 6~7회씩 총 50여 회가 넘는 장단기 금식수련회를 열어왔다. 그간 천여 명 이상이 참가하여 몸과 마음을 수련하는 복된 기회를 가졌다.
참가자들의 나이는 16세 중학생부터 89세 노인에 이르기까지 다양하다. 지역 또한 국내는 물론 호주 · 미국 · 독일 · 스위스 · 불가리아 · 일본 · 중국 · 베트남 · 필리핀 · 볼리비아 · 우간다 · 카메룬 등 세계 각지에 흩어져 사는 교포들까지 두루 다녀갔다.
이색적인 것은 불교 신도와 가톨릭 신자도 여러 명 동참한 점이다.

두레수도원의 금식기도수련에는 10일금식과 4일금식이 있다. 10일금식수련이 중심이지만, 긴 시간을 낼 수 없는 경우 4일금식에 참여했다가 기대 이상의 좋은 효과를 보고서 10일금식에 도전하는 이들이 많다.

두레 금식수련회 개회예배

두레수도원에서 10일금식을 중심으로 삼은 이유가 있다.
그간의 경험에 의하면 금식수련의 효과가 7, 8일이 지나야 비로소 절정을 이루기 때문이다. 금식일수가 최소한 일주일을 넘어설 때 몸과 마음의 지치고 병든 상태에서 치유·회복되는 효과가 가장 컸다.

물론 10일 이상 21일, 30일, 40일에 걸쳐서 하는 금식도 있다.
예수님이나 모세도 40일간 금식한 바 있지만 그것은 시대적인 큰 사명을 앞두고 성령님의 강권적인 이끄심과 보살핌 가운데 행해진 특별한 경우이고, 보편적으로 우리에게는 철저한 준비 없는 10일 이상의 금식은 건강을 해칠 위험이 있다. 내가 아는 목사 한 분은 40일 기간을 작정하고 금식하다가 37일 만에 죽은 이도 있고, 또 한 목사는 27일째 입이 돌아가 버려서 목회를 못하게 된 경우도 보았다.
그래서 나는 10일 정도의 금식이 가장 적당하다고 본다.

그러나 웬만한 크리스천들도 10일금식이라면 부담을 가지고 바쁜 일상에 어떻게 열흘씩이나 시간을 내며, 그 긴 시간을 어찌 물만 마시고 지낼 수 있느냐고 염려한다.
나는 그렇게 말하는 사람들에게 되묻는다.
그렇게 바쁘게들 살아서 얻어진 것이 무엇이냐고.
바쁘게 바쁘게만 살아서 얻은 것이 비만, 당뇨, 고혈압 같은 질병과 우울증, 무기력증, 불면증 아닌가.
이런 증상들에서 벗어나려면 모든 것을 잠시나마 내려놓고 금식하는 가운데 하나님의 임재하심을 누리며 영혼도 육체도 새로워져야 한다.

감리교의 창시자 요한 웨슬리는 일정이 바쁜 날 더 오래 기도했다고 한다. 그래서 비서들이 기도실 밖에서 안절부절 못하며 기다리다가 기도를 마치고 나온 그에게 항의했다.
"선생님, 오늘은 스케줄이 바쁜데 어찌 이렇게 오래 기도하십니까! 일정표에 차질이 생깁니다."
그랬더니 웨슬리가 심각하게 말했다.
"이 사람들아, 도대체 무엇 때문에 바쁜가? 바쁠수록 기도를 너해야 그 바쁜 일을 제대로 감당할 수 있지 않겠나!"
정말 중요한 말씀이다.
게다가 웨슬리는 자신의 신앙훈련을 위해
매주 수요일과 금요일은 규칙적으로 금식했다고 한다.

그러나 우리는 흔히 바쁘다고 기도와 말씀묵상을 건너뛰어 버린다.
그러니 되는 일 없이 분주하기만 할뿐 소출이 없다.
우리가 크게 착각하는 것이 기도하지 않고 바쁘게 일만 하면 뭔가 이룰 수 있다는 생각이다. 정말 착각 중의 착각이다. 교회부흥도 시대변화도 하나님의 사람들이 금식하며 간구함 없이는 절대 이루어질 수 없다.
금식기도는 살아계신 하나님의 뜻을 물으며 인도하심을 받아
영성을 높이는 일에 최상의 지름길이다.
나의 경험으로 비추어 금식기도수련의 효과는
크게 다음 3가지로 요약할 수 있다.

1. 영적으로 새로워진다.
자동차를 관리할 때도 수시로 점검이 필요하듯이
우리의 영적 생활도 정기적인 재정비가 필요하다.

2. 정신적으로 강건해진다.
우리는 살아가면서 온갖 스트레스를 받고 상처를 입어 마음이 지칠 대로 지쳐 있다. 금식수련은 인내심 · 지구력 · 집중력 등을 획기적으로

높여서 다시 시작할 수 있는 용기와 여유를 준다.

3. 육체적으로 건강해진다.
음식을 잠시 끊는 동안 각종 독소가 배출되어 산성체질이 알칼리성으로 바뀌면서 고혈압·당뇨·위장병·아토피 등 질병이 치유된다.

두레 금식기도수련은 6가지 프로그램을 중심으로 진행된다.
1. 먼저 안식
2. 말씀 공부
3. 기도 훈련
4. 산행과 체조
5. 거룩한 독서
6. 상담과 교제

동두천 두레마을 약초밭에서

먼저 안식

금식수련의 첫째 목적은 안식이다.

의아하게 여길 수도 있으나, 두레수도원의 금식기도수련이 우선 추구하는 것은 여느 기도원들처럼 성령충만이나 회개운동이나 은사체험이 아니다.

안식을 첫째 자리에 두는 이유가 있다.

요즘 사람들은 너나할 것 없이 모두 지쳐 있다.

교인들도 목회자도 마찬가지다.

과로에 지치고, 스트레스에 지치고, 인간관계에 지쳐 있다.

그런데 쉴 곳이 마땅찮다.

심지어 교회에서도 쉼을 얻지 못한다.

영혼의 안식을 누리려고 교회를 찾았는데

오히려 더 스트레스를 받는 경우도 있다.

영과 육이 진정으로 휴식을 취할 수 있는 방법이 금식수련이다.

영성도, 창의력도 먼저 쉼을 누린 후에야 발동이 걸리는 법이다.
심신이 지쳐 있는 상태에서는 아무 것도 이루어내지 못한다.
넉넉히 안식을 취한 후에야 다음 단계로 넘어갈 수 있다.
행복하지 못한 채로 뭔가에 쫓기듯 살던 삶에서, 10일간 모든 업무와 일정과 관계와 스트레스에서 벗어나 금식하며 말씀과 기도에 집중함은 축복이요 행운이다. 금식기간 중에 푹 쉬고 나면 새로운 의욕이 생기고 새 출발할 기운이 솟아난다.

그래서 두레수도원은 금식행사가 진행되는 동안에도 모임시간을 지키라고 다그치거나 참석을 의무화하지 않는다.
자유롭게 동참하도록 이끈다.
두레수도원은 여러모로 휴식을 취하기에 가장 이상적인 조건이다.
서울에서 한 시간 반 남짓한 거리에 위치하면서도 숲으로 둘러싸인 고요한 산골이다. 사방에 잣나무 상수리나무 숲이 우거져 피톤치드가 넘쳐나서 몸도 마음도 제대로 힐링할 수 있다.
우리를 쉼, 안식으로 초대하시는 분이 바로 예수님이시다.
예수님의 품안에서 쉬는 것이 신앙생활의 기본이다.

> 수고하고 무거운 짐 진 자들아 다 내게로 오라
> 내가 너희를 쉬게 하리라 - 마태복음 11:28

나는 이 말씀을 고쳐 읽곤 한다.

"스트레스와 과로와 갈등에 시달리는 자들아
다 예수께로 오라.
두레수도원으로 오라.
내가 너희로 안식을 누리게 하리라!"

말씀공부

두레수도원의 금식수련에서는 매일 아침저녁으로 두 시간씩 말씀을 공부한다. 이 시간만큼은 내가 직접 인도하여 성경 66권을 집중적으로 배운다. 성경의 단편적인 지식을 늘리기보다 성경을 바르게 이해하는 안목을 길러, 말씀을 사랑하고 말씀에 감격하여 삶에 적용할 수 있는 능력을 높이는 데 초점을 둔다.

말씀의 깊이가 약하면 세상살이에서 당하는 시련과 유혹에 쉽사리 흔들리고 휩쓸리게 된다. 그래서 금식기간 중에 다른 프로그램은 참석이 자유롭지만 성경공부만큼은 필수다.

기독교를 말씀의 종교라 한다.
요한복음에 의하면 말씀이 곧 하나님이다.
말씀이신 하나님께서 사람의 육신으로 오신 분이 그리스도시며 살아계신 하나님의 살아 있는 말씀을 기록한 책이 성경이다.
그래서 성경은 단순한 하나의 책이 아니라 책 중의 책이기에
영어로 표현할 때도 'a book'(하나의 책)이 아니라
'the book'(바로 그 책)이라 지칭한다.
그러나 정작 살아계신 하나님의 말씀이 우리 영혼에 닿아서
뜨거운 체험에 이르기가 쉽지 않다.

나는 3대에 이르는 모태신앙이다.
모태신앙 크리스천들이 빠지기 쉬운 함정이 있다.
어려서부터 그냥 습관적으로 교회를 다니는 것이다.
자신의 신앙고백이나 영적 체험 없이 그냥 교인으로 살아간다.

나 역시 주일에 교회출석을 한 번이라도 빠지거나 하루라도 성경읽기를 잊으면 죄를 지은 것 같은 강박관념을 지닌 채로 신앙생활을 하였다. 그러나 그것은 의식적이고 습관적인 종교생활이지, 말씀 속에서 살아계신 하나님을 만나는 인격적인 체험에 이르지는 못했다.

그러다가 1968년 12월 4일 저녁, 에베소서 1장을 읽는 중에 깊은 깨달음에 이르고 예수님을 나의 주인으로 모시는 감격스런 체험을 하게 되었다. 내가 다니던 계명대 철학과 선배들과 성경공부를 하면서 바울의 서신인 에베소서를 읽어 내려가던 중 7절에 이르자, 뭔가 번쩍 하는 느낌이 들었다.

> 우리가 그리스도 안에서
> 그의 은혜의 풍성함을 따라
> 그의 피로 말미암아
> 구속 곧 죄 사함을 받았으니 - 에베소서 1:7

순간적으로 내 영혼에 헤드라이트 같은 빛이 비쳤다.
아니, 내 영혼에 지진이 일어나는 듯했다.
'그리스도 안에서'
이 일곱 글자가 나를 강렬히 압도했다.

'그리스도 안'이란 어떤 곳인가?
인간을 향한 하나님의 사랑이 결집된 곳이다.
이 땅에 오신 하나님이신 예수 그리스도는 피 흘려 죽음으로 인간에 대한 자신의 사랑을 나타내셨다. 그런 하나님의 사랑을 깨닫고 그 사랑에 나를 던질 때 나는 하나님과 합일된다.
그것을 구원받는다고 표현한다.

그동안 나는 구원의 길을 '그리스도 밖'에서 찾아 헤맸었다.
'철학 안'에서 찾으려 했고 '인간 안'에서 찾으려고 고뇌와 방황을 거듭했다. 그런데 그날 밤 '그리스도 안'에 내가 그토록 찾아 헤매던 진리와 구원이 있음을 깨닫는 순간, 비로소 방황과 죄에서 해방된 자유인의 기쁨으로 충만하게 되었다. 그래서 철학을 평생 업으로 하려던 길을 바꾸어 신학을 하고 목사가 되었다.
그것이 내 삶을 풍요롭게 한 최고의 선택이었다.

두레수도원 전경

또한 내가 성경말씀을 하나님의 살아 있는 말씀으로 체험하고 감격에 넘쳐 성경을 깊이 사랑하게 된 계기는 1974년 옥살이를 하던 때다. 서울구치소에서 0.8평짜리 독방에 수감되었다.
방이 너무 좁아 보건체조를 할 수 없을 정도였다.
그 방에서 지나는 동안 다른 서적은 다 압수하고 성경만 허락되었다.

감옥에서는 성경을 이스라엘 무협지라 부른다.
나는 처음엔 심심해서 이스라엘 무협지를 읽기 시작하였다.
월요일 아침에 창세기를 읽기 시작해서 낮 동안에만 부지런히 읽어도 토요일 오후에 요한계시록 22장까지 성경 전체를 읽을 수 있었다.
이렇게 6일 만에 성경일독을 하고나서 자신을 반성하였다.
명색이 모태신앙으로 평생을 교회 다니고 신학교를 나와 설교하는 사람으로서, 엿새면 한 번 읽는 성경을 일 년에 한 번도 안 읽고 지났구나, 하고 뉘우치게 되었다. 이에 마음먹고 성경을 실컷 읽어보리라 작심하고 6일 동안 일독하고 7일째는 쉬면서 읽기에 몰두하였다.

그렇게 여섯 번째 읽을 때였다.
그러니 6주째가 되던 날, 구약성경 예레미야서를 읽어나가는데
갑자기 성경책이 변했다.
종이에 인쇄된 책이 아니라 살아 움직이는 말씀으로 바뀌었다.
말로 설명하기 어려운 영적 체험의 세계가 열렸다.
읽고 있는 말씀이 살아 있는 말씀으로 가슴에 다가오는 것이었다.

갑자기 나 자신의 미성숙하고 위선적이고 초라한 모습이 느껴지면서 회개의 눈물이 솟았다. 내가 인생을 너무 헛되고 불성실하게 살았구나, 하는 자성과 더불어 내 영혼의 헐벗은 모습을 보게 되었다.
나는 감격에 겨워 눈물을 줄줄 흘리며 성경을 읽었다.
눈물이 성경 책갈피에 뚝뚝 떨어지는 것을 느끼며 읽었다.

그때 내 영혼에 큰 파동을 일으킨 말씀이 예레미야 4장이다.

> 여호와께서 유다와 예루살렘 사람에게 이와 같이 이르노라…
> 너희 묵은 땅을 갈고 가시덤불에 파종하지 말라
> 너희는 스스로 할례를 행하여 너희 마음 가죽을 베고
> 나 여호와께 속하라
> 그리하지 아니하면 너희 악행으로 말미암아
> 나의 분노가 불 같이 일어나 사르리니
> 그것을 끌 자가 없으리라 - 예레미야 4:3~4

이런 체험이 있은 후부터 성경읽기가 날로 깊어졌다.
성경을 읽고 또 읽고 계속 읽는 중에 감동이 임하고
그렇게 비좁고 불편하던 독방이 영혼의 보금자리처럼 여겨졌다.

한국의 목회자들은 예상외로 성경을 이해하는 깊이가 빈약하다.
해외유학을 하고 신학박사 학위를 받아 신학적 이론에는 일가견이 있어도 성경 자체에 대한 이해가 깊지 못하다.
그래서 성도들을 말씀으로 뜨겁게 하지를 못하는 아쉬움이 있다.
그런 점에서 감옥살이가 내게는 큰 축복이었다.

말씀을 가르치고 선포하는 설교가
개신교회 예배에서 차지하는 비중은 절대적이다.

교회의 힘이 선포되는 말씀에 뿌리를 두고 있다.
교회의 수준은 설교자의 수준으로 정해진다.
그래서 설교자가 중요하다.
지금 한국교회의 위기는 바로 말씀이 선포되는 강단의 위기다.
제대로 준비되지 않은 설교자들이 강단을 지키고 있으면
영적 혼란이 일어난다.

금식수련회 성경공부 전의 조별특송

나는 30세 신학교 2학년 때 개척교회를 시작하여 설교자로 살아온 세월이 올해로 50년이다. 앞으로도 건강이 허락되는 한 설교를 계속하려 한다. 그것을 사명으로 알고 즐겨 감당하고 있다.

긴 세월 설교자로 지나면서 나름대로 설교자의 기본을 체득하였다. 강의를 듣거나 책을 읽어서가 아니라 직접 경험하여 익힌 4가지 기준이다. 나는 설교나 강의할 때, 성경공부를 인도할 때 이를 기준으로 삼아 전한다.

1. 쉽게
2. 즐겁게
3. 깊이 있게
4. 적용할 수 있게

쉽게

설교는 노인부터 어린이까지 모두 알아들을 수 있을 만큼 쉽게 해야 한다. 나도 초보 설교자이던 젊은 전도사 시절에는 대학 때 전공이 철학이었던지라 철학용어를 섞어가며 어렵게 설교하곤 했다.
그러다 설교를 쉽게 해야겠다고 다짐하게 된 계기가 있었다.

청계천 빈민촌에서 개척교회를 하던 시절이었다.

판잣집 한 채를 구입하여 교회로 개조한 후, 흙바닥에 가마니를 깔고 사과궤짝 둘을 포개어 강대상으로 삼아서 예배를 드리기 시작하였다. 빈민촌의 껌팔이, 넝마주이, 노점장사꾼인 교인들 앞에서 '철학적인' 설교를 했더니 교인들이 설교시간에 졸기 일쑤였다. 아예 코를 골며 자는 사람까지 있었다. 반년쯤은 그냥 참고 지내다가 좀 친해진 후에 졸고 앉은 교인들을 나무랐다.

"여러분, 예배당이 여관방인 줄 아세요? 헌금 조금 낸 걸 여관비 낸 걸로 생각하세요? 설교만 시작하면 주무시니 보기에 민망하구만요."

그랬더니 앞자리에서 졸고 있던 할머니가 잠결에 내 말을 알아듣고는 나를 쳐다보며 말했다.

"하이고, 젊은 사람이 그리 말하니 딱혀요. 우릴 재우면서 존다고 나무라면 어쩐다요."

"할머니, 그게 뭔 말이에요? 내가 자장가를 불렀나요? 재운다니요?"

"도대체 뭔 말인지 알아 듣도 못할 소릴 하면서 존다고 나무라면 어째요. 알아들을 수 있는 말을 해야 안 졸제."

나는 할머니의 말에 말문이 막혀 더 할 말이 없어졌다.
그날 밤 곰곰이 생각했다.
"할머니의 말이 옳다. 제대로 철학공부도 못했으면서 빈민촌에 와서까지 칸트니 하이데거니 철학자들의 이름을 들먹여대니 그들이 잘 수밖에 없는 것이다. 이제부터 내 설교를 고쳐야겠다. 무조건 쉽게 하는 거다. 할머니도 초등학생도 알아들을 수 있게 설교하자."

이런 결론을 내리고는 빈민촌까지 가져갔던 철학책들을 모두 골라 한 켠에 쌓았다. 다음 날 아침 엿장수가 가위를 짤랑이며 지나가기에 불렀다.

"아저씨, 이 책 몽땅 엿으로 바꿔주세요."

"앗따, 책이 엄청 많구만요. 오늘 가져온 엿으로는 모자라니 책은 지금 싣고 가고, 엿은 하루에 3판씩 나오니까 내일 나오는 것까지 갖다 드리겠수다."

"아닙니다. 오늘 엿만으로 끝냅시다. 내일은 안 주셔도 됩니다."

그리고는 마을 아이들을 모두 불러 모아 엿잔치를 하였다.

엿은 빨리 못 먹는다. 애들이 온 얼굴에 흰가루를 묻히고는 엿가락을 손에 들고 골목길을 뛰어다니며 엿 세 판을 다 먹는데 하루종일 걸렸다.

그 후로 나는 낮 동안에 교인들의 작업장을 찾아다니며 도왔다.

손수레에 사과 파는 집으로 가서는 소리를 높여 손님을 끌었다.

"시민 여러분, 맛있는 대구 능금이 열 개 천 원이요. 천 원을 다 받느냐, 꺾어 칠백 원! 여러분, 산에 가야 범을 잡고 도랑에 가야 가재를 잡고 여기 와야 꿀사과를 먹습니다!"

이런 식으로 하루에 한두 집씩 길가에서 좌판 깔고 장사하는 분들을 도우며 다녔다. 그러기를 두어 달 계속하니 가난한 주민들의 언어세계에 동화되어 같은 수준으로 이야기를 나눌 수 있게 되었다.

그리고 설교할 때도 그들이 사용하는 용어를 쓰니 조는 사람이 없어지고, 눈을 반짝이며 설교를 듣고는 아멘! 아멘! 화답하기까지 발전하였다. 게다가 헌금도 더 많이 나오는 게 아닌가. 물론 얼마 안 되는 금액이지만 설교가 달라지니 교인들의 반응이 달라지는 것이 신통하였다.

그 뒤로 나는 설교에 대하여 원칙이 생겼다.

설교는 쉽게 해야 한다.

예수님의 가르치심이 얼마나 쉽고 간결한가.

즐겁게

설교자의 큰 죄 중 하나가 설교 듣는 교인을 지루하게 하는 죄다.

실제로 설교시간에 지루하여 주리를 틀며 앉아 있게 하는 설교자들이 있다.

그래서 교인들이 설교 듣다가 화가 나서

가져간 헌금도 내지 않고 그냥 가져와 버리기도 한다.

내가 목사 되기 전 옛날에 그렇게 해봐서 안다.

설교는 설교자도 즐겁고 듣는 성도들도 즐거워야 한다.

비단 설교만이 아니라 교회 다니는 것이 즐겁고 보람 있어야 하고

신앙생활 자체가 즐겁고 기뻐야 하는 것이다.

바울서신 중에 빌립보서를 기쁨의 책이라 일컫는다.

바울이 로마의 옥중에서 빌립보 교인들에게 보낸 편지다.

그는 옥중에 있는 사람답지 않게 계속 기쁨을 이야기한다.

> …나는 기뻐하고 너희 무리와 함께 기뻐하리니
> 이와 같이 너희도 기뻐하고 나와 함께 기뻐하라 - 빌립보 2:17~18
> 나의 형제들아 주 안에서 기뻐하라
> 너희에게 같은 말을 쓰는 것이 내게는 수고로움이 없고
> 너희에게는 안전하니라 - 3:1

이 말씀에 따르면 주 안에서 기쁨을 누리는 삶이
성도들의 안전을 보장해주는 보험이라는 것이다.
우리가 안전을 위하여 자동차보험을 들고 건강보험을 들듯이
기쁨을 누리며 사는 삶이 영적 보험이라는 말이다.

우리 신앙의 깊이를 측정할 수 있는 기준이 있다.
하루하루 살아가는 삶에 기쁨이 있으면 은혜가 있는 신앙이요
짜증이 나고 우울함을 느끼면 은혜에서 멀어진 증거가 된다.
예수님도 잡히시기 전 제자들과 나누신 마지막 교제에서
예수님 안에 있는 기쁨을 우리도 충만히 누리기 원하신다고 하셨다.

> 지금 내가 아버지께로 가오니 내가 세상에서 이 말을 하옵는 것은
> 그들로 내 기쁨을 그들 안에 충만히 가지게 하려 함이니이다
> - 요한복음 17:13

오늘을 살아가는 우리에게도 그대로 적용되는 말씀이다.

모름지기 설교자는 설교 듣는 성도들에게
예수님께서 우리에게 주기 원하시는 기쁨을 전하고
삶이 즐겁도록 이끌어줄 수 있어야 한다.

산행 전 천조체조로 몸풀기

깊이 있게

설교가 쉽고 재밌기만 하다면 만담 수준에 머물고 말 것이다.
한국교회 설교자 중에는 특별히 많이 웃기며 설교하는 분들이 있다.
좋은 일이다.
그러나 듣기에 즐겁기만 하고 깊이가 없다면 설교로서는 곤란하다.
재미에 깊이가 더해질 때 좋은 설교가 된다.
깊이의 차원이 결여된 설교는 어쩔 수 없이 실패한 설교가 되고 만다.

깊이 있는 설교는 먼저 깊은 기도에서 비롯된다.
깊은 기도에서 길러진 영성을 바탕으로 말씀을 깊이 있게 전달할 때
비로소 좋은 설교가 된다.
내가 신학생 시절부터 좋아하던 누가복음 말씀이 있다.
예수님께서 고기 잡던 베드로에게 하신 말씀이다.

> 깊은 데로 가서 그물을 내려 고기를 잡으라 - 누가복음 5:4

나는 이 말씀의 범위를 넓혀서
"인생의 그물을 깊은 데로 던지라"는 뜻으로 묵상하고 적용한다.
예수님의 이 말씀을 들은 시몬 베드로가 답했다.

> 선생님 우리들이 밤이 맞도록 수고하였으되 잡은 것이 없지마는
> 말씀에 의지하여 내가 그물을 내리리이다 - 누가복음 5:5

베드로의 이 말이 인류 전체의 고백이 된다.
인간은 오랜 역사를 거쳐오는 동안
전쟁하고 정치하고 산업을 일으키고 문명을 발전시키며
자기 힘으로 뭔가를 얻어보려고 끊임없이 그물을 던져 왔지만
결국은 허무로 가득한 빈 그물을 손에 들고 있는 처지다.

이런 때 우리는 예수님의 말씀에 귀를 기울여야 한다.
"그물을 깊은 데로 던져라."
그래서 나는 설교를 준비할 때도
"어떻게 하면 깊이 있는 설교를 할 수 있을까?"를 늘 염두에 둔다.
깊이 있는 설교를 하려면 기본적으로 세 가지를 갖추어야 한다.

1. 설교자 자신의 신앙고백이 분명해야 하고
    믿음으로 구원받은 복음에 대한 확신이 있어야 하며
    성경 전체에 대한 깊은 이해와 통찰력이 있어야 한다.

2. 설교자는 폭 넓은 독서를 통한 인문학적 기초와
    상식을 존중하는 식견이 있어야 한다.

3. 설교자는 자신이 직접 겪은 영적 체험이 있어야 한다.
    뜨거운 체험이 있는 사람이라야 다른 사람을 뜨겁게 할 수 있다.

적용할 수 있게

많은 설교자들이 성도들의 삶의 현장에 상관없는
뜬구름 잡는 식의 설교를 한다.
그런 설교는 헛된 설교다.
그런 설교자들은 다른 직업을 택해야 할 사람들이다.
예수님의 설교를 배워야 한다.
예수님은 주위의 평범한 사실들을 예화로 들어
듣는 이들이 쉽게 적용하여 삶이 변할 수 있도록 전달하셨다.

명설교는 성도들의 삶의 현장에 적용되어 변화를 일으키는 설교다.
큰 변화가 아니라도 좋다.
작은 일에서부터 조용히 일어나는 변화가 중요하다.
한국교회는 오랜 부흥회 전통에서 습관화되어
갑작스레 불 받아 뒤집어지는 변화를 찾는다.
이런 사고의 틀에서 벗어나야 한다.
조용히 기초부터 작은 변화가 쌓여 큰 변화로 나아가야 한다.

> 누구든지 그리스도 안에 있으면 새로운 피조물이라
> 이전 것은 지나갔으니 보라 새 것이 되었도다 - 고린도후서 5:17

두레 금식수련의 성경공부는 위의 4가지 기준으로 진행되기에
모두 시간가는 줄 모르고 흥미진진하게 참여한다.

참가자들은 가장 보람 있고 즐거운 시간이었노라고 한다.

이렇게 하나님의 말씀을 읽고 묵상하고 지켜 행하면
우리 삶이 형통함에 이른다는 소중한 약속이 있다.

> 이 율법책을 네 입에서 떠나지 말게 하며
> 주야로 그것을 묵상하여
> 그 안에 기록된 대로 다 지켜 행하라
> 그리하면 네 길이 평탄하게 될 것이며
> 네가 형통하리라 - 여호수아 1:8

형통함에 대한 우스개가 있다.
형과 동생이 대화를 나누는 중에 형이 동생에게 물었다.
"동생, 성경에 형통한다는 말이 있는데 무슨 뜻인 줄 알아?"
"형, 그게 뭔 말인데?"
"만사형통이란 '만사를 형을 통하여 하라'는 말이야!"
만사를 형을 통하여가 아니라 하나님의 말씀을 따라 행할 때
우리 삶이 형통함에 이른다는 것이 성경의 약속이다.

동두천 두레마을

기도훈련

신앙생활의 두 기둥이 말씀과 기도다.
하나님은 말씀으로 우리에게 다가오시고
우리는 기도로 하나님께 다가간다.
그래서 말씀과 기도를 통해 거룩함을 이루어가게 된다.

> 하나님의 말씀과 기도로 거룩하여짐이라 - 디모데전서 4:5

모든 크리스천은 하나님께 영광 돌리는 삶을 살기 원한다.
그러나 구체적으로 어떻게 살아야
하나님께 영광을 돌리게 되는지 알기 어렵다.
요한복음 14장에서 그 정답을 일러준다.
우리가 드리는 기도가 응답 받는 것이
곧 하나님께 영광 돌리는 길이라고 한다.

> 너희가 내 이름으로 무엇을 구하든지 내가 행하리니
> 이는 아버지로 하여금 아들로 말미암아
> 영광을 받으시게 하려 함이라 - 요한복음 14:13

두레 금식수련의 일정은 6시 새벽기도회부터 시작된다.
"새벽에 하나님이 도우시리로다"(시편 46:5)는 말씀도 있듯이
영성수련에 새벽시간은 중요하다.
새벽의 한 시간은 오후의 세 시간에 맞먹는 효율이 있다고 한다.
예수님은 날이 밝기 전 새벽에 기도하는 생활을 일과로 삼으셨다.

> 새벽 아직도 밝기 전에 예수께서 일어나 나가
> 한적한 곳으로 가사 거기서 기도하시더니 - 마가복음 1:35

나는 50년 목회생활에 기도응답으로 하나님께 영광 돌리게 된 간증이 많다. 지금 몸담고 있는 동두천 두레마을에도 건물 하나하나에 기도응답의 간증이 깃들어 있고, 지난 10년간 달마다 해마다 기도응답이 쌓여 오늘에 이른다.

나는 어떤 새로운 사역을 시작할 때 먼저 기도로 하나님께 묻는다.
기도 중에 확신으로 임하는 응답을 따라 일을 시작한다.
그 과정은 3단계를 거친다.
각 단계마다 일주일 기간으로 기도드린다.

1단계는 내가 마음에 작정하는 새로운 사역이 예수님의 이름으로 교회와 겨레를 섬기는데 꼭 해야 할 일인지 아닌지를 묻는 기도다.
이 과정에서 꼭 해야 할 일이라는 확신이 임하면 다음 단계로 들어간다.

2단계는 꼭 해야 할 일이라면 내가 할 일인지, 아니면 다른 사람들이 하도록 두어도 될 일인지 묻는 기도를 드린다.
내가 감당해야 할 일이라는 확신이 오면 다음 단계로 기도를 이어간다.

3단계는 내가 꼭 해야 할 일이라면 지금 시작해야 하는지, 아니면 조건이 갖추어질 때까지 기다려야 하는지를 묻는다.
이 질문으로 다시 일주일 동안 기도드린다.
지금 당장 해야 할 일이라는 확신이 임하면 무조건 시작한다.
사람 준비가 안 되고 예산이 없고 노하우가 갖추어지지 않아도 그냥 시작한다. 진행하는 중에 필요한 사람이 모이고 예산이 확보되고 일의 요령도 체득하게 된다.

물론 시행착오도 숱하게 겪었다.
아픔도 있었고 희생도 적잖았다.
그럼에도 나는 행복하다.
임마누엘 하나님께서 고비고비마다 인도하셨음을 믿기 때문이다.
이런 과정을 거치며 지난 50년간 두레목회를 진행해왔다.

동두천 두레마을

성경에서 호흡은 기도의 상징이다.
사람이 숨쉬기를 그치면 생명을 잃듯이
기도생활을 중단하면 죽은 영혼이 된다.
크리스천이라면 누구나 기도생활 하기를 원한다.
그러나 기도가 생각대로 잘 되지를 않는다.
모처럼 기도하려면 잡념이 일어나
흰 동그라미 두 개가 눈앞에 어른거리고
마음이 헛도는 타이어처럼 산만하여 집중이 되지 않는다.
이런 고비를 넘기고 기도가 습관화되려면 훈련을 쌓아야 한다.
누가복음에 보면 예수님께는 기도가 습관이었다.

> 예수께서 나가사 습관을 따라 감람산에 가시매
> 제자들도 따라갔더니…
> 유혹에 빠지지 않게 기도하라 하시고 - 누가복음 22:39~40

누가복음은 예수님이 기도하시는 모습을 특히 강조한다.
예수님은 12제자를 세우시기 전에도 밤새 기도하셨고
인기가 최고로 높아져 군중이 구름떼처럼 모여들 때도
한적한 곳으로 피하여 기도하셨다.

> 예수의 소문이 더욱 퍼지매 수많은 무리가··모여 오되
> 예수는 물러가사 한적한 곳에서 기도하시니라 - 누가복음 5:15~16

이렇게 예수님의 기도처럼 생활화 되려면 꾸준히 훈련해야 한다.
또한 예수님은 기도드리는 자의 자세에 대하여 일러주셨다.

> 구하라 그러면 너희에게 주실 것이요
> 찾으라 그러면 찾아낼 것이요
> 문을 두드리라 그러면 너희에게 열릴 것이니
> 구하는 이마다 받을 것이요
> 찾는 이는 찾아낼 것이요
> 두드리는 이에게는 열릴 것이니라 - 누가복음 11:9~10

이 말씀을 뒤집어 생각하면
구하지 않으면 얻지 못하고
찾지 않으면 찾아내지 못하고
두드리지 않으면 열리지 않는다는 말이 된다.

다른 말로 표현하면
기도해야 얻게 되고
기도해야 찾게 되고
기도해야 열린다는 뜻이다.
기도가 그래서 중요하다.
이 시대는 너무나 산만하고 집중이 어려운 시대다.
이런 환경에 기도에 집중하기란 쉽지 않은 일이다.
그러기에 기간을 정하여 금식하며 기도에 집중하는 훈련을 한다.

장 칼뱅은 개신교 신학의 기틀을 마련한 책 〈기독교 강요〉에서
금식의 중요함을 이렇게 강조하였다.
"중요한 문제를 놓고 기도할 때는 금식이 좋다.
금식은 마음을 더욱 간절하게 하고 기도에 전념하게 한다.
배가 부른 상태에서 하나님께 집중하기란 쉽지 않다."
그런데 모든 기도가 궁극적으로 추구해야 할 목표가 있다.

너희가 악할지라도 좋은 것을 자식에게 줄 줄 알거든

하물며 너희 하늘 아버지께서 구하는 자에게
성령을 주시지 않겠느냐 하시니라 - 누가복음 11:13

모든 기도의 최종목표는 바로 성령받는 것이다.
성령충만한 은혜로 들어가면 다른 잡다한 기도제목은 그 속에 다 포함된다. 우리가 시원찮은 아버지라도 자식에게 좋은 것을 주는데, 하물며 선하신 하나님 아버지께서 구하는 자에게 당연히 성령을 주신다는 이 약속을 믿고 기도드려야 한다.

금식기도를 시작할 때는 각자 지닌 기도제목이 다를 것이다.
그러나 결론은 성령받아
기쁨충만, 은혜충만, 감사충만의 경지로 나아가는 것이다.

예수의 기도

성령충만의 경지로 들어가는 데도 역시 훈련이 필요하다.
두레수도원에서 초보기도의 훈련교재로 사용하는 책이 있다.
〈기도〉(작자미상. 대한기독교서회)다. 일명 〈예수의 기도〉라 불리는 이 책은 동방정교회 영성수련의 기본을 다룬다.

세계 기독교는 크게 세 종단이 합하여 이루어진다.
천주교 Roman Catholic
동방정교회 Oriental Orthodox
개신교 Protestant Church이다.

그런데 각 종단의 특성이 다르다.
천주교는 예식과 조직이 강하다.
동방정교회는 영성과 수련이 강하다.
개신교는 말씀과 실천이 강하다.

영성과 수련이 강한 동방정교회에서
영성수련의 입문서로 활용하는 책이 〈예수의 기도〉다.
저자가 알려지지 않은 이 책은 중졸 정도 학력의 평신도가
자신의 영성수련 체험담을 적은 내용이다.
간략하게 소개하겠다.

어느 청년이 예배시간에 '쉬지 말고 기도하라'는 제목으로 전하는 강론을 들으며 의문이 생겨 신부님께 물었다.
"신부님, 일도 해야 하고 식사도 해야 하고 잠도 자야 하는데 어떻게 쉬지 않고 기도드릴 수 있습니까?"
그러나 마땅한 답을 듣지 못하여 이 질문을 마음에 품고 순례길을 떠났다.

이름난 수도자나 설교자를 찾아다니며 "어떻게 하면 쉬지 않고 기도하는 생활을 할 수 있습니까?"를 물었다. 그러나 어디에서도 뚜렷한 답을 듣지 못한 채 다니던 중에 한 수도원 원장님과 동행하게 되었다.
이런저런 이야기를 나누며 하룻길을 걸은 후 저녁나절이 되어 수도원 가까이 이르렀을 때 원장이 물었다.
"자네가 이렇게 다니는 것이 '쉬지 말고 기도하라'는 말의 의미를 찾기 위해서라고 했지?"
"예, 그렇습니다. 잠도 자야 하고 일도 해야 하는데, 어떻게 쉬지 말고 기도할 수 있는지 알고 싶어서입니다."
"그러면 이제 머물 곳도 찾아야 할 테니 오늘은 우리 수도원에서 하룻밤 지나는 게 어떻겠는가?"
"그러면야 너무나 감사하지요."

이리하여 그날 밤 그 수도원에서 하룻밤을 묵은 후 아침식사까지 대접받고 작별인사를 드리려는데 원장께서 일렀다.

"자네가 답을 찾는 질문에 도움을 주고자 내가 '예수의 기도'라는 기도를 알려주겠네. 우리 정교회에서 오래전부터 실천해온 가장 기본적인 기도라네. 복음서에 나오는 기도문 중에서 가장 짧은 기도를 되풀이하여 드리는 것일세. 그렇게 하는 중에 하늘로부터 응답이 임하고 은혜를 받게 되네."

"그 기도문이 어떤 내용인지요?"

"'주 예수 그리스도, 제게 자비를 베푸소서.' 이 기도문을 예수의 기도라 하네. 오늘부터 이 기도를 하루에 천 번 하기를 일주일간 날마다 실천하고 다시 내게로 오게. 그러면 다음 단계를 일러주겠네."

그러고는 묵주를 주었다. 묵주란 작은 알맹이 100개를 줄로 이어놓은 것인데, 가운데 십자가가 달려 있어 기도를 드릴 때마다 한 알씩 헤아려 한 바퀴 돌면 그 기도문을 백 번한 것이다. 그러니 하루에 천 번을 드리면 묵주를 열 바퀴 돌리게 된다.

젊은이는 감사를 표하고 그날부터 "주 예수 그리스도, 제게 자비를 베푸소서"라는 짤막한 기도문을 천 번씩 드렸다.

일주일 후 수도원 원장님을 찾아가서 "시키신 대로 충실히 따라했습니다" 하고 여쭈었더니 "아, 그러셨는가. 그러면 오늘부터는 예수의 기도를 3천 번씩 날마다 드리게. 그리고 일주일이 지나면 다시 찾아오게" 하고 일러주었다.

젊은이는 성실하고 진지한 성품인지라 그날부터 다시 예수의 기도 "주 예수 그리스도, 제게 자비를 베푸소서"를 날마다 3천 번 반복하여 드린 후 원장님을 찾아갔다.

원장은 칭찬하면서 오늘부터는 예수의 기도를 6천 번씩 드리고 일주일 후 다시 오라고 하였다.
젊은이는 그날부터 하루에 6천 번을 정성들여 되풀이해 기도드렸다.
"주 예수 그리스도, 제게 자비를 베푸소서"를 6천 번 하려면 100알로 된 묵주가 60바퀴 돌아야 한다. 원장님이 시키시는 대로 끝까지 따라해 보기로 작정했던 터라 그날부터 6천 번씩 반복하며 예수의 기도를 드렸다.

역시 일주일 후 원장님을 찾아뵈니 이번에는 매일 만2천 번을 드리고 한 주 후에 다시 오라 일렀다. 그런데 하루에 만2천 번 드리기는 정말 쉽지 않았다. 이른 새벽부터 밤이 되도록 쉬지 않고 해야 가능했다.
그러기를 3일째쯤 예수의 기도를 드리는 중에
갑자기 하늘이 열리며 은혜가 온 몸에 임하였다.
감사와 기쁨과 찬양이 그의 영혼에 넘쳤다.
그는 감격에 겨워 하늘을 우러러 감사기도를 드렸다.
그리고 수도원으로 달려가 원장님을 뵙고 눈물을 흘리면서
은혜받게 된 자초지종을 말씀드렸다.

원장님은 진심어린 축하를 해주며 "앞으로도 계속하여 기노느리세" 당

부하였다. 그 후로 청년은 날마다 감격어린 기도를 계속 이어가는데, 어느 아침 세수를 하는 중에 저절로 입이 움직이며 "주 예수 그리스도, 제게 자비를 베푸소서" 예수의 기도가 흘러나왔다.
기도드린다고 생각한 것이 아닌데 그냥 입에서 기도가 술술 나왔다.
이에 그는 깨달았다.
"아하, 이것이 바로 쉬지 말고 기도드리는 것이로구나!"
그 후로는 무슨 일을 하든지, 어느 곳을 가든지
꿈속에서도 마음 속 깊은 곳으로부터 기도가 흘러나왔다.

동두천 두레마을

하루는 그가 길을 가다가 장교 한 사람을 만났는데, 얼굴에 근심이 가득하고 의기소침하여 기가 죽어 있었다. 둘이 걸으며 이야기하는 중에 그 장교가 탄식하며 자신의 처지를 들려주었다.
"나는 장기복무하는 장교입니다. 내 인생에는 군대밖에 없습니다. 그런데 술버릇이 나빠서 술에 취하면 자꾸 말썽을 일으켜 권고제대하게 되었습니다. 아직 자녀들도 어리고 일자리를 얻을 가망도 없어 실의에 빠져 있습니다."

이 이야기를 들은 젊은이는 자신이 겪은 영적 체험담을 들려주며
'예수의 기도'를 소개하였다.
"장교님, 날마다 '주 예수 그리스도, 제게 자비를 베푸소서' 이 기도를 300번씩 되풀이 드리십시오. 그러면 반드시 삶에 변화가 있을 겁니다. 장교님의 기도를 들으시고 성령님의 도우심이 임할 것입니다."
이렇게 일러주고 헤어졌다.

그 후 20여 일이 지나 그 장교를 다시 만나게 되었다.
그간에 얼굴 모습이 완전히 딴 사람처럼 변하였다.
얼굴에 화색이 돌고 기운차 보였다.
그는 젊은이에게 자신에게 일어난 영적 변화를 들려주었다.
그는 젊은이의 말을 듣고 예수의 기도 "주 예수 그리스도, 제게 자비를 베푸소서"를 날마다 300번씩 되풀이하였다.
그러기를 며칠이 지난 어느 순간, 성령이 권능으로 임하시며 기쁨과 감

사가 넘치고 새 힘이 솟았다. 그렇게 끊기 어려웠던 술이 자연스레 끊어지고 새로운 성품의 사람이 되었다.
그렇게 변하니 군에서도 다시 인정받게 되어 강제퇴역이 취소되고 다시 장교로 복무케 되었노라며 감사의 말을 거듭하였다.
이것이 기도의 능력이다.

어떤 사람은 예수의 기도를 되풀이하는 것을 불가에서 "나무아미타불 관세음보살" 하며 염불하는데 비유하여 바른 기도가 아니라고 비판하기도 한다. 그러나 '예수의 기도'는 단순한 말을 그저 뜻 모르고 되풀이하는 불가의 염불과는 질적으로 차원이 다르다.

예수의 기도는 주님의 이름에 근원을 둔다.
성경은 예수는 모든 이름 위에 뛰어난 이름이고
모든 무릎을 예수의 이름에 꿇게 하신다고 기록한다(빌립보서 2:9~10).
예수의 이름으로 마귀는 쫓겨나가고(누가복음 10:17)
기도가 응답받고(요한복음 14:13~14)
병든 자가 고침받는다(사도행전 3:6~8).

그러므로 예수의 기도인 "주 예수 그리스도, 제게 자비를 베푸소서"를 드릴 때는, 한 마디 한 마디에 마음을 담아 우리의 주인 되시는 예수님의 이름으로 하나님의 자비하심을 구하는 것이다. 그에 대한 응답으로 어느 순간 성령이 임하여 하나님의 사랑을 깨닫고 감격에 넘치게 된다.

여리고 근처 길가에 앉아 있던 소경도 "다윗의 자손 예수여, 나를 불쌍히 여기소서" 하였고(누가복음 18:38), 나병환자 열 명도 "예수 선생님이여, 우리를 불쌍히 여기소서" 크게 외쳐서 은혜를 입었지 않은가(누가복음 17:13). 예수의 기도는 우리가 하나님의 구원이 절대적으로 필요한 존재임을 인정하는 기도다.

금식수련회 산행 중 삼림욕

예수의 기도와 관련한 실화가 있다.

1950년대 미국의 10대 재벌에 속한 어느 거부의 이야기다.

그는 미국에서도 손꼽히는 부자였지만 전신무력증이란 병에 걸렸다. 회복을 위해 온갖 방법을 다했으나 백약이 무효였다.

하다못해 주치의가 그를 당대에 유명한 스위스의 정신과 의사인 융(Carl Gustav Jung) 박사에게로 보냈다. 세계적인 심리학자 프로이드의 수제자였던 융은 자가용 비행기로 스위스까지 찾아온 부자를 한동안 진찰한 후에 일러주었다.

"회장님의 병은 의학적으로는 고칠 수 없습니다. 특별한 방법으로만 치유될 수 있습니다. 내가 소련의 한 수도원 원장님께 소개장을 써드릴 테니 그리로 가셔서 원장님이 시키는 대로 하십시오."

공산당 지배 아래 있던 시대라 소련에 입국하기가 쉽지 않았다. 그러나 그는 달러의 힘으로 허가를 받아 모스크바 비행장에 도착하였다. 그곳에서 자동차로 200여 킬로미터를 더 달려 일러준 수도원을 찾았다. 수도원은 퇴락하여 볼품없었다.

원장님을 뵙고 융 박사의 소개장을 드리니 대뜸 "주기도문을 아세요?" 하고 물었다. 미국인들은 어린 시절부터 주기도문 암송이 생활화되어 "예, 암송할 수 있습니다" 하니 "그러면 다른 일은 하지 말고 오늘 주기도문을 300번 암송하고 내일 9시에 다시 오십시오" 하고 일렀다.

회장은 방에 돌아가 어릴 때부터 입에 익숙한 주기도문을 300회 암송하고 다음 날 원장님에게 갔다. 원장은 아무 말 없이 주기도문을 오늘은 300번을 더해 600번을 암송하고 내일 9시에 다시 오라 하였다.
그렇게 매일 300회를 더해가기를 4500번까지 올랐을 때 회장의 인내가 한계에 달했다.
"이거 사람을 놀리는 거야 뭐야? 융 박사 체면을 생각해서 시키는 대로 했더니 정말 해도 해도 너무 하는구먼. 미국 땅에서 주기도문할 자리가 없어 여기까지 와서 날이면 날마다 주기도문만 되풀이하는 건가. 당장 짐 싸서 돌아가자!"
불같이 화를 내는 회장에게 비서들이 호소하였다.
"회장님, 융 박사 같은 분이 괜히 그러시겠습니까?
뭔가 뜻이 있으실 테니 며칠만 더 견뎌보십시다."
비서들의 간곡한 만류에 회장은
"그래, 며칠만 더 참아보고 떠나는 거야" 하고는 화를 가라앉혔다.

그런데 주기도문 드리기를 4500회에서 4800회로 늘리는 그날 큰 은혜가 임했다. 회장이 다른 날처럼 주기도문을 반복하는 중에 하늘이 열리고 성령께서 강력한 권능으로 임하시며 감격과 기쁨이 넘치는 은혜의 자리로 들어가게 되었다.
그리고 온 몸에 힘이 솟아 전신무력증에서 순식간에 벗어났다.
1950년대 미국에서 실제 있었던 은혜 체험 이야기다.
하늘에 닿는 진정한 기도는 하늘보좌를 움직여
하늘로부터 임하는 능력을 체험하게 한다.

〈예수의 기도〉는 기도생활을 하려고 뜻을 품은 초심자들에게 큰 도움을 주는 책이다. 이 책에 실린 내용대로 기도가 습관이 되고 마침내 체질이 되도록 훈련하기를 권한다. 두레수도원에서 행하는 금식수련은 더 깊은 기도생활로 들어가게 하는 훈련이다.
요즘 같이 혼탁하고 분주한 시대에 세상사를 내려놓고 금식하면서
말씀과 기도에 집중하며 안식을 누리는 시간은
참으로 복된 시간이 아닐 수 없다.

깊이 있는 기도로 나아가는 3가지 원리가 있다.
1. 기도는 습관이다.
2. 기도는 집중이다.
3. 기도는 반복이다.

동두천 두레마을 나무 위의 트리하우스 기도실

참장기도

내가 1974~75년간에 정치범으로 옥살이하는 동안 고문후유증으로 망가진 몸을 요가수련으로 회복했던 이야기는 1장에서 적은 바다.
그 후로도 요가수행자 김용상 군의 지도를 받으며 요가수련을 열심히 하였다. 그런데 요가수련이 좀 더 깊은 단계로 들어가니 요가의 원리에 대해 석연치 않은 느낌이 들었다.
기독교적, 성경적 원리와는 차이가 있다는 의문이 든 것이다.

요가의 영적 배경은 인도의 힌두교다.
힌두교 신 이해의 핵심은
만물에 신이 깃들어 있다고 보는 범신론(汎神論 Pantheism)이다.
범신론은 기독교의 유일신 사상과는 본질적으로 다르다.
신에 대한 관점은 크게 두 가지다.
신이 있다는 유신론과, 신은 없다는 무신론이다.
그리스 철학자 플라톤은 무신론을 '영적 질병'이라 하였다.

유신론에는 3가지 관점이 있다.
다신론, 범신론, 유일신론이다.
다신론Polytheism은 신이 많다는 신념이다.
고대사회에서는 다신론이 대세였다.
온갖 신이 등장하는 그리스신화가 대표적이다.
동양에서는 일본이 전통적으로 다신론을 신봉하는 사회다.

범신론Pantheism은 복잡한 이론을 단순하게 이해하자면
신이 여러 곳에 여러 가지 모습으로 편재한다는 생각이다.
힌두교와 불교가 대표적이다.

기독교는 당연히 유일신 사상이다.
우리 크리스천에게는 한 분 하나님이 계신다는 사상이 분명하고 당연하지만 고대사회에서는 그렇지 않았다. 다신론이 지배하던 시대에 유일신 사상은 획기적인 발상이었다. 성경은 다신론 시대에 유일하신 창조주 하나님을 선포했다는 점에서 위대하다.

내가 요가수련을 열심히 하며 건강을 회복하는데 큰 도움을 받았으나 요가의 정신이 기독교와 다르다는 점을 차츰 이해하면서 성경적 가치관에 적합한 심신수련법은 없을까, 찾게 되었다.
그러던 중 호주 시드니에서 집회를 인도하다가 호주 방송에서 어느 한국인이 호주인들을 대상으로 무술시범 하는 것을 보았다. 그가 곽진호 사범이다. 그는 진실한 크리스천으로 어려서부터 여러 가지 무술에 정진하였다. 태권도 · 합기도 · 검도 · 쿵푸 등을 골고루 수련하여 각종 무술의 단수가 32단인 전문가다.

어떻게 하면 크리스천 무술을 발전시킬 수 있을까?
어떻게 하면 신체수련과 영성수련을 겸할 수 있을까?
어떻게 하면 무술연마가 기도생활을 깊게 하는데 도움이 될까?

그는 이런 고민을 품고 호주 시드니에서 무술사범으로 지나면서 신학을 공부하던 중에, 추구하는 바가 나와 상통하여 기독교 무술을 함께 창안·보급해 나가자고 의기투합하게 되었다.

곽진호 사범은 오래도록 고심하며 기초를 세운 크리스천 무술의 이름을 '천조(天助)운동'이라 불렀다. '하나님의 도우심을 힘입어' 무술수련을 깊게 하여서 영육 간에 건강과 행복을 누린다는 의미에서 그렇게 이름지었다 한다.
이는 그가 많은 기독교인들이 요가수련이나 단학수련 등에 참여했다가 성경적인 심신수련법이 없을까 고민하는 모습을 보고, 여러 무술의 장점을 모아서 기도생활과 무술수련을 합하여 크리스천들이 연마하기에 적합하도록 발전시킨 운동이다.

두레 금식수련 중에는 매일 틈틈이 몸풀기로 천조운동을 한다.
그리고 천조운동의 일종인 참장기도(站杖祈禱) 훈련이 있다.
참站은 우두커니 참이고, 장杖은 말뚝을 뜻한다.
말뚝처럼 움직이지 않고 가만히 서서 심신의 훈련을 쌓는 자세다.
곽 사범이 특히 강조하는 수련동작이다.

기본자세는 두 발을 11자로 반듯하게 하고 무릎을 약간 굽힌다.
머리에서 허리까지는 반듯이 세우고 힘을 뺀다.
그러면 무릎을 굽힌 하체는 긴장이 가해지고 상체는 이완된다.

두 팔은 올려서 수평으로 힘을 빼고 뻗는다.
그런 자세로 머리에 생각을 완전히 비우고 무념무상의 상태로 서 있다. 마음이 평정심으로 돌아오면 예수의 기도 "주 예수 그리스도, 제게 자비를 베푸소서"를 간절함으로 드린다.
이 참장자세는 최소한 30분이 기본이다.
숙련되면 한두 시간을 같은 자세로 집중할 수 있다.

참장자세

참장기도는 무술로 시작하여 기도로 마치는 수련이다.
우리가 평소에 깊은 기도생활을 하기 원하지만 막상 기도를 시작하면 잡념이 일어나고 오래 견디지를 못한다. 그런데 참장자세를 유지하면 집중력과 지구력이 증강되어 내면세계가 안정된다.

은혜를 사모하는 마음으로 계속 기도드리다 보면 자연스럽게 기도가 깊은 단계에 들어가고, 어느 순간 자신의 기도가 하늘에 닿는다는 확신이 임하면서 은사체험이나 영적 감동을 느끼게 되는 것이다.
참장기도를 훈련하면 체력을 증진시키는 동시에, 한두 시간 거뜬히 기도에 집중할 수 있어서 영성이 강화되는 것이 특징이다.

그렇게 우두커니 서 있는 자세가 무슨 수련이 될까 하는 의문이 들지만 실제 그 효과는 놀랍다. 무술의 고수일수록 이 참장수련에 많은 시간을 투자한다고 한다.

참장자세를 지속하면 어느 순간 몸 전체가 마치 물결이 치듯이 미세하게 움직이게 된다. 이때 몸 안에서 생체전류가 자기장과 더불어 감지된다. 그 흐름은 마치 유전자처럼 나선형으로 움직인다.

이런 흐름을 무술수련에 적용하면 무술의 격이 높아진다. 이 수련은 현대인의 조급증, 산만함, 불안증 등을 제거하는 데 큰 도움이 된다.

서울 강남에 사는 어느 공무원이 몸이 허약해 업무를 감당하기 어려워져 조기퇴직 했는데, 누군가로부터 참장수련에 대한 소개를 듣고 열심히 실행하였다. 얼마의 기간이 지난 후 체력이 날로 향상되어 70 나이에 히말라야 등산까지 다녀 온 분이 있다.

기독교는 동서양의 중간지대인 이스라엘에서 일어났다.
지도상으로는 오히려 동양쪽에 가깝다.
그러나 선교가 진행되는 동안 서양으로 뿌리를 내려갔다.
우연히 그렇게 되었거나 사람의 생각으로 된 것이 아니다.
사도바울은 선교여행을 떠나면서 동양으로 방향을 잡으려 했다.
그러나 성령께서 개입하셔서 서향으로 바꾸도록 이끄셨다.

> 성령이 아시아에서 말씀을 전하지 못하게 하시거늘…
> 밤에 환상이 바울에게 보이니
> 마게도냐 사람 하나가 서서 그에게 청하여 이르되

마게도냐로 건너와서 우리를 도우라 하거늘 - 사도행전 16:6~9

이에 바울이 성령님의 뜻에 순종하여
복음전파의 방향을 아시아에서 유럽으로 옮기게 되었다.
마케도니아 지방은 유럽으로 들어가는 첫 관문이다.
바울이 마케도니아로 들어가서 세운 첫 교회가 빌립보 교회다.
유럽에 세워진 첫 교회다.
빌립보 교회를 세운 공로자가 옷감장사 루디아다.
이 여인이 유럽의 첫 교인인 셈이다.
이를 시작으로 복음이 아테네 · 고린도 등을 거쳐 로마로 들어갔다.
로마에서 유럽 전체로, 그리고 영국을 거쳐 미국으로 건너갔다.
이런 과정을 복음의 서진운동(西進運動)이라 한다.
복음의 서진운동이 드디어 한반도까지 이르렀다.
1885년 미국의 두 선교사 언더우드와 아펜젤러가
지금의 인천항인 제물포항에 도착함으로 조선선교가 시작되었다.
한국교회는 아시아에서 처음으로 성공한 교회다.
이는 한국교회가 통일한국시대에 민족복음화는 물론
세계선교에 큰 사명이 있음을 말해준다.

그런데 복음이 서양을 먼저 거치면서 서구문명의 특성을 띠게 되었다.
서양문명은 논리적이고 분석적이다.
직관적이고 통합적인 동양문명과 대조가 된다.

서구신학 역시 이론적이고 합리적인 방향으로 발전하여 그 한계에 이르렀다. 수행을 중요시하고 영성을 강조하는 동양적 요소를 필요로 하게 되었다. 미국이나 유럽을 방문하면 서양인들이 동양의 요가·쿵푸·태권도 같은 심신수련에 큰 관심을 가지는 모습을 보게 된다.
이 점이 한국교회에 주어진 시대적 사명이다.

불교의 소림사 무술 같은 경우 세계적으로 널리 알려져 있다.
지금도 중국 소림사에는 세계각지에서 무술수련을 위해 모여드는 사람들을 지도하여 연 1억 달러 이상의 수익을 올리고 있다. 듣기로는 합천 해인사 쪽에 한국지부를 세우려 한다는 말도 있다. 인도에서 시작된 요가가 세계적으로 널리 보급된 것은 더 설명할 나위가 없다.

그런데 기독교는 서구에서 발전해 오면서 무술이나 운동법이 미개척분야로 남아 있다. 그러기에 한국교회는 영성수련에 성경적이면서 미래지향적이고 세계적인 심신수련법을 접목해나가는 일에 관심을 기울여야 한다.
곽진호 사범이 발전시키는 천조무술의 의미와 가능성이 여기에 있다.

산행과 체조

두레 금식수련이 특히 건강에 탁월한 점은 매일 산행을 하는 것이다. 보통 기도원·요가원·단식원 등에서 금식하면 기운이 없다 하여 예배시간과 기도시간 외에는 방에 누워 있는 경우가 많다. 그러나 두레수도원에서는 10일간 뜨거운 뽕잎차에 백야초로 만든 효소를 소량 타서 마시면서 금식하는 중에 날마다 왕방산 둘레길 7킬로미터를 걷는다. 나이 불문, 날씨 불문이다.

다만 무릎이 아프거나 허리통증 등으로 산길을 걷기에 부담되는 참가자들은 아래 평지 길을 걷게 한다.
7킬로미터를 걸으면 거의 일만 보가 된다.
예로부터 장수의 비결로 날마다 일만 보를 걸으라 했다.
그래서 두레수도원에는 건강에 대한 구호가 있다.
"누우면 죽고 걸으면 산다."

도시생활에서 평소에 잘 걷지 않다가 굶으면서 매일 두 시간 걸으려면 처음엔 몹시 벅차다. 산을 1킬로미터 정도까지 오를 때는 숨이 가쁘고 주저앉고 싶다.
그러나 내려올 때쯤이면 거짓말처럼 기운이 솟아난다.
4, 5일 지나면 몸이 적응하여 등산이 겁나지 않는다.
오히려 심신이 상쾌해져서 그 시간이 기다려진다.
금식 중에 운동을 하면 평소에 잠들어 있던 생명에너지가 깨어나 오히려 몸에 힘이 생긴다.
발을 옮길 때마다 호흡에 맞추어 "주 예수 그리스도, 제게 자비를 베푸소서"를 읊조리며 기도드리는 중에 어느새 정상에 닿게 된다.

참가자 중에 공황장애로 고생하는 경영인이 있었다.
잘 운영하던 기업이었는데 공황장애가 생겨 거의 사경을 헤매다가 두레 10일금식수련에 참가하게 되었다. 평소 50미터도 걷지 못하고 주저앉던 처지였는데 매일 7킬로미터 산행코스를 완주하며 금식하는 중에 몸의 회복뿐 아니라 정신의 건강도 되찾게 되었다.
본인 스스로 기적이라며 기뻐하였다.

지난 9년 동안 참가자 중에는 7, 80대 노인도 많았지만 대부분 하루도 빠짐없이 완주하고 심히 만족해하였다. 그중에는 금식수련을 마친 후에 건강이 월등히 좋아졌노라고 감사의 전화까지 걸어주신 분도 있다.

산행 외에도 곽진호 사범의 지도 아래 하루 여러 차례 천조운동을 비롯한 건강체조를 수시로 한다.
그렇게 산행과 운동을 겸하여 실천하는 금식수련의 효과는 탁월하다.
날이 더할수록 몸도 마음도 편안해지고 보람을 느끼게 된다.
마치고나면 한결같이 행복한 금식기간이었다고 고백한다.

나는 대학시절까지만 해도 위장병, 불면증, 신경쇠약증까지 겹쳐 심신이 몹시 허약했다.
할아버지도 40세 전에 타계하셨고, 아버지도 40세 전에 돌아가셨기에 나도 집안내력을 따라 40세 전에 죽을 것이라 생각하며 살았다.

그러나 지금은 80 나이에도 생생하다.
얼마 전 건강검진을 받으니 신체나이가 50대라 하였다.
그래서 친구들은 내게 대학시절엔 약골이더니
지금은 어떻게 제일 건강이 탄탄하게 되었느냐고 묻는다.

내가 건강하게 된 바탕에는 3가지 원칙이 있다.
1. 절제생활
2. 운동
3. 정기적인 금식

절제생활은 크게 3가지로 표현된다.
1. 과식하지 않는 음식 절제
2. 과로하지 않는 노동 절제
3. 과욕을 품지 않는 금전 절제

흔히 하는 말에 하나님께서 우리 기도를 들어주시길 원하지만 하나님도 도저히 들어주시지 못하는 기도가 3가지라 한다.
1. 과식하는 사람의 위장을 지켜주시지 못한다.
2. 과로하는 사람의 건강을 지켜주시지 못한다.
3. 과욕 부리는 사람의 통장을 지켜주시지 못한다.

나의 식사습관은 수십 년간 지켜온 기준이 있다.
서식(徐食), 소식(小食), 정식(定食)의 삼식(三食)과
과식(過食), 속식(速食), 간식(間食)의 삼금(三禁)이다.

서식은 천천히 먹는 습관이다.
나는 식사시간이 일반인보다 두세 배 길다.

천천히 먹으니 음식이 입에서 달기가 꿀과 같다.
그래서 식사시간이 즐겁다.

소식은 적게 먹는 것이다.
적게 먹지만 꼭꼭 씹어 먹으니 영양상태에는 지장이 없다.
한국음식은 대체로 물이 많고 맵고 짜고 양이 많은 편이다.
그래서 한국인들에게 위장병이 많다.

정식은 정한 양의 식사를 정한 시간에 먹는 습관이다.
목회자들은 직책상 수시로 대접받고 때로는 많이 먹어주어야 한다.
그래서 목사들에게 많은 병이 당뇨·고혈압·위장병 등이다.

그런 점에서 나의 식사습관은 철저하다.
어떤 자리에서도 정한 양 이상 먹지 않는다.
비싼 뷔페에 가서도 평소 양만큼만 먹고 수저를 놓는다.
내 몸을 내가 지키지 않으면 누가 지켜주겠는가.

과식은 설명이 필요 없는 말이다.
누군가 말하길 과식하는 사람은 영혼이 없는 사람과 같다고 했다.
소, 닭, 개 같은 동물은 과식하지 않는다.
자신이 필요한 양만큼 먹고 멈춘다.
그런데 유독 사람은 과식을 한다. 한심한 노릇이다.

속식은 주로 군대문화의 영향이 큰 것 같다.
군대에서 "3분 내로 식사 끝" 하는 식으로 훈련하니
그 습관이 이어지는 것이 아닐까 싶다.
우리 사회는 식사문화를 바꾸어야 한다.
즐거운 대화를 나누며 천천히 먹는 습관이 정착되어야 한다.

간식이야말로 소리 없는 적이다.
간식을 하면 위장의 위액분비가 항상 대기상태다.
그래서 위가 쉬지를 못한다.
나는 정한 시간에 정한 양을 먹는 것 외에 간식하지 않는다.
이런 식습관이 날마다 밀리는 격무를 거뜬히 치러낼 수 있게 한다.

절제생활과 더불어 건강유지에는 규칙적인 운동이 중요하다.
나는 아침에 일어나면 냉수마찰로 온 몸의 피돌기를 돕는다.
그리고 틈만 나면 두레마을 둘레길 7킬로미터를 걷고
수시로 천조수련을 실천한다.

그 중에 금식수련은 건강한 몸과 마음의 비결 중의 비결이다.
그래서 나이를 잊고 열심히 일하며 살아가고 있다.

금식수련회 산행 중 잠깐 천조운동으로 몸풀기

체중감소

10일금식수련은 과체중을 조절하는 데도 아주 효과적이다.
특히 금식과 운동의 조합은 체지방량을 줄이고 근육량을 유지할 수 있는 가장 효과적인 방법이다. 수련회가 끝난 후 여성은 평균 4~6, 남성은 7~10킬로그램의 체중이 줄어든다.
마른 사람의 경우 가장 적게 빠진 경우가 3킬로로 드문 경우이고
살찐 사람은 최고 13킬로까지 감량되었다.

그러나 체중관리나 건강관리는 10일금식으로 끝나는 것이 아니다.
그때부터가 시작이다.

체중감소의 실제효과는 정리금식 동안에 나타난다.
본금식이 끝난 후 귀가하여 정리금식 30일을 주어진 매뉴얼에 따라 이행할 때, 목표하는 만큼 체중을 확실하게 줄일 수 있다.
금식수련을 통해 몸과 마음과 영혼이 온전히 새로워지는 혜택을 누리려면 인내와 절제라는 투자가 뒤따라야 한다.

나의 경우는 9년 전 1회 때 금식에 참여하여 6킬로그램을 줄인 후 정리금식을 제대로 하고 평소에 운동과 절제된 식사를 실천하여 지금까지 같은 체중을 유지하고 있다.
그래서 가볍고 활기차게 일정을 능히 감당하며 지낸다.
금식수련에서 중요한 것은 철저한 자기관리다.
금식 후에도 술 담배를 끊고, 소식을 실천하고, 날마다 정한 시간에 말씀묵상과 기도생활을 습관화하는 일 등이 뒷받침되어야 금식수련의 성과를 알차게 거둘 수 있다.

그러나 금식기도수련의 목적은 살을 빼고 병이 낫는 것에 있지 않다.
지친 영혼이 안식을 얻고, 시들어 가던 마음이 활력을 얻는 것이다.
그래서 금식수련을 마치면 새로운 용기로 새출발할 수 있게 된다.

10일금식이라고 하면 굉장히 힘들 것 같지만 막상 용기를 내어 참가해 보면 의외로 거뜬히 치를 수 있다. 마칠 즈음에는 참가자 모두가 행복해한다. 10일을 견딘 후에 행복해질 수 있는데 왜 투자하지 않겠는가!

두레 금식수련회 참가자들

거룩한 독서

2천년 교회사에는 수도원 운동이 중요한 역할을 했다.
수도원 운동의 의미는 크게 두 가지다.
첫째, 교회가 악한 세력들로부터 핍박받을 때 수도원이 중심이 되어 저항운동을 펼쳤다. 둘째, 교회가 세상권력과 짝하고 재산을 누리게 되어 부패할 때마다 뜻 있는 크리스천들이 수도원을 지키며 교회의 타락을 막는 보루가 되었다. 그런 점에서 지금 한국교회도 수도원 운동이 큰 몫을 감당해야 할 시기다.

수도원에서는 '거룩한 독서 Lexio Divina'를 소중히 여겼다.
거룩한 독서의 첫째는 물론 성경읽기와 연구다.
그러나 그에 머물지 않고 영혼에 양식이 되는 도서를 정하여 수도사들이 읽기를 장려하였다. 이를 통해 수도원은 영적인 성장과 지적인 진보를 아울러 이루어갈 수 있었다.

성경읽기와 묵상에 전념하면서 다른 유익한 책들을 두루 읽으면 성경에 대한 이해도 한층 깊어지게 된다. 그렇지 않고 오직 성경만 읽어서는 성경해석에 오히려 문제가 되는 경우가 있다.
성경을 올바로 해석하고 적용하기 위해서는 상식이 뒷받침되고 인문학적 기초 위에 바른 역사의식이 더해져야 한다.

그런 기본바탕 없이 성경만 열심히 읽고 신학적 균형을 잃어서 자의적으로 해석했다가 크게 실패한 경우가 소위 구원파로 알려진 유병언이다. 그는 나와 대구 성광고등학교 동기생으로, 총명한 젊은이였다.
아까운 인재가 길을 잘못 들어 몰락의 길로 간 것을 생각하면 몹시 애석하다. 그와 추종자들의 비극은 성경만 열심히 읽다가 균형 잡힌 해석에서 벗어난 데 있다.

유병언은 고등학생 시절부터 수업시간에도, 쉬는 시간에도 성경을 읽었다. 성경을 열심히 읽은 정도가 아니라 성경만 읽었다.
고교졸업 후에도 대학진학을 하지 않고 성경만 파고들었다.
성경전체를 꿰뚫을 정도가 되니 사람들이 따르게 되었다.
나도 대학시절에 그가 이끄는 성경공부에 몇 번 참가한 적이 있다.
그때 그가 읽는 성경은 누더기처럼 너덜너덜했다. 아예 떨어져 나간 부분도 있었지만 그는 보충하지 않았다. 모두 외우고 있었기 때문이다.
그의 문제는 그렇게 성경에만 빠져들다가 건전한 신학적 기초 없이 치우친 해석을 하게 된 점이다.

그러므로 건강한 신앙인이 되려면 성경을 날마다 읽는데 더하여
정신세계에 양식이 되는 좋은 책을 두루 읽어서 식견을 넓혀야 한다.
그런 이유로 두레 금식수련에서는 '거룩한 독서'를 소중히 여긴 수도원
의 역사적인 전통을 살려 책읽기를 장려한다.
수련회 동안 3권의 책을 선정하여 읽게 하고, 수련을 마치고 하산할 때
는 20~30권의 도서목록을 제공한다. 특히 권장하는 책은 〈기도〉(대한
기독교서회), 〈힐링코드〉(시공사), 〈스베덴보리의 위대한 선물〉(다산초
당), 〈나는 천국을 보았다〉(김영사) 등이다.

힐링코드

〈힐링코드〉는 내용이 중요하기에 간략히 소개한다.
몸과 마음의 치유에 관한 이 책의 내용이
성경적 · 의학적 · 상식적으로 균형을 이루고 있기 때문이다.

저자 알렉산더 로이드는 실력 있는 심리학 박사다.
그런데 결혼 6개월 후부터 아내가 집안에 이어져오는 유전으로 극심한
우울증에 시달리게 되었다. 심리학의 대가인 남편이 모든 치료법을 적
용하여 고치려 애썼으나 백약이 무효였다.
무려 12년간 고통 받으며 절망스러웠지만 '하나님이 주시는 더 좋은 무
엇이 있을 것'이라는 믿음으로 버티던 어느 날, 로이드 박사가 로스앤
젤레스 심리학회에서 시카고 집으로 돌아가는 길에 아내의 다급한 전

화를 받았다.

"여보, 제발 좀 도와주세요!"

우울증 발작으로 절규하는 소리에 너무나 낙심되어 비행기 안에서 절박한 마음으로 기도드렸다.

"하나님, 제발 아내를 불쌍히 여겨주세요. 지난 12년 동안 온갖 방법을 다 써봐도 소용이 없으니 이젠 지쳤습니다. 우리 부부가 너무 힘듭니다. 치료하시는 하나님의 손길로 고쳐주십시오."

이렇게 간절히 기도드리는 중에 아내를 고칠 수 있는 방법이 영감으로 떠오르기 시작했다.

그는 4시간 비행하는 동안 아이디어를 자세히 노트에 받아 적었다.

집에 도착하자마자 이 방안대로 아내에게 적용해보았다.

45분이 지나자 아내가 서서히 회복되기 시작하였다.

매일 적용하여 3주 후에는 우울증이 완전히 사라져버렸다.

감격에 넘친 부부는 눈물로 감사기도를 드렸다.

후에 아내가 완전히 치유되고 나서 부부는 생각하였다.

"하나님께서 우리를 오랜 고통에서 이렇게 벗어나게 하신 것은 우리만 위해서가 아닐 것이다. 비슷한 아픔을 겪는 많은 사람에게 우리가 체험한 것을 나누라는 뜻이 아니겠는가."

그래서 부부는 이 방법을 '힐링코드 Healing Code'라 이름 짓고 치유세미나를 열었다.

많은 환자들이 회복되었고 입에서 입으로 소문이 퍼져나갔다.

로이드 부부의 힐링 세미나를 들은 환자 중에 벤 존슨이라는 외과의사가 있었다. 그는 루게릭 병에 걸려 죽을 날을 기다리고 있던 터였다.
루게릭은 발병 후 대부분 5년 안에 죽는 병이다.
벤 존슨은 자신이 의사인지라 그런 사정을 잘 아니 삶을 포기하고 있던 차에, 힐링코드 프로그램에 참여하여 로이드 박사가 일러주는 대로 따랐더니 3개월 만에 완치되는 기적을 맛보았다.
이에 두 사람이 함께 쓴 책이 〈힐링코드〉다.
이들은 세계 각지를 순회하며 치유 세미나를 열고 있다.

이 책은 인체에 치유호르몬을 분비하는
네 곳의 힐링센터가 있다고 한다.
1. 콧대-뇌하수체샘과 솔방울샘을 관장
2. 관자놀이-좌우 뇌, 사상하부의 기능을 관장
3. 턱-편도와 해마, 척추와 중추신경계를 포함하는 반응정서 뇌를 관장
4. 후골-척추, 중추신경계, 갑상샘을 관장

양 손의 다섯 손가락을 하나로 모아서
이 네 곳에 차례차례 5센티미터쯤 띄운 채로 향하고 눈을 감는다.
지난날 내게 큰 스트레스를 주었거나
상처를 남긴 경험에서 벗어날 수 있기를 잠시 기도드린다.
한 동작이 마칠 때마다 두 손바닥을 뺨에 대고 휴식한다.
다시 다른 곳에 오므린 손가락을 향하고 같은 기도를 반복한다.

힐링코드 실습시간

이 책은 하나님께서 사람을 지으실 때 건강하고 행복하게 살도록 프로그래밍 하셨다는 전제에서 출발한다. 하나님이 사람을 하나님의 형상대로 지으시면서 사람의 유전자 속에 건강과 행복을 입력시켜 두었다는 것이다. 그런데 잘못된 식사, 잘못된 생활습관, 잘못된 생각, 잘못된 인간관계 등으로 인해 건강이 망가지고 행복을 잃게 되었다.
망가진 건강의 회복은 손상된 유전자를 복구하는 데 있다.

이 책은 유전자가 망가지는 가장 큰 이유가 스트레스라고 한다.
90% 질병의 바탕에 스트레스가 있다.
질병은 단지 스트레스가 표현된 것이다.
심리학자들이 쥐를 대상으로
스트레스가 얼마나 치명적인 해를 끼치는지 실험한 보고서가 있다.

상자에 쥐를 10마리 넣었다. 3면은 막혀 있고 앞면은 그물로 막은 상자다. 그리고 고양이를 한 시간에 한 번씩 상자 앞으로 지나가게 하였다. 고양이가 지나면서 보니 먹음직한 쥐들이 한 자리에 모여 있어 고양이에겐 뷔페밥상이나 마찬가지였다. 고양이가 쥐에게 달려들었지만 그물에 막혀 들어가지 못한 채 아쉬워하며 지나갔다. 그러나 쥐들은 고양이가 야옹! 하며 달려들 때마다 심한 스트레스를 받았다.

그러기를 일주일 반복하니 스트레스에 견디지 못한 쥐들이 서로 물어뜯기 시작하였다. 일주일 더 계속하니 이제는 쥐들의 몸이 상하기 시작했다. 장출혈, 두드러기, 고혈압 등의 증상이 생겨 고통스러워했다.

이 실험은 쥐를 대상으로 한 것이지만 사람도 마찬가지다.
계속되는 스트레스는 몸을 상하게 하고 영혼까지 병들게 한다.
그러기에 병에서 완전히 해방되려면
먼저 쌓이고 쌓인 스트레스부터 해결해야 한다.
스트레스에서 해방될 때 병에서도 놓임 받게 된다.

〈힐링코드〉는 단순한 4가지 동작을 반복하여
깨진 자율신경계의 스트레스를 해소하여 균형을 회복시켜서
결국 건강을 되찾게 한다는 것이 핵심원리다.
인체 세포의 파괴적인 에너지 진동수를 건강한 진동수로 바꾸어
정서적 신체적 문제를 치유하는 것이다.
힐링코드는 그 원리를 잠언 말씀에서 찾는다.

> 모든 지킬 만한 것 중에 더욱 네 마음을 지키라
> 생명의 근원이 이에서 남이니라 - 잠언 4:23

바로 무의식적인 스트레스, 만병의 근원이 되는 영적인 문제를 해결하여 치유체계를 하나님이 의도하신대로 작동하게 만드는 원리다.
구약성경의 마지막 책인 말라기에도 이를 뒷받침하는 말씀이 나온다.

> 내 이름을 경외하는 너희에게는
> 공의로운 해가 떠올라서 치료하는 광선을 비추리니
> 너희가 나가서 외양간에서 나온 송아지 같이 뛰리라 - 말라기 4:2

하나님을 믿는 자에게는 하나님께서 '치료하는 광선'을 발하셔서 무너진 건강을 회복하신다는 말씀이다. 오늘을 살아가는 우리에게 반드시 필요한 말씀이다. 신앙은 우리의 영혼과 정신과 육체를 짓누르는 스트레스로부터 우리를 해방시키는 힘이 있다.

그러므로 신앙이 바로 힐링코드다.

두레수도원 금식수련에는 여러 가지 질병에 시달리는 사람들이 많이 참석한다. 그래서 〈힐링코드〉를 필독서로 정하고 그 치료법을 활용하고 있다. 하루에 몇 차례 힐링코드 치유법을 따라하게 한다.

지금까지 여러 사람이 어려운 병에서 치유되는 열매가 있었지만, 널리 알리는 일은 절제하고 있다. 왜냐하면 병 낫는 간증이 앞서면 영적 은혜를 받는 금식수련의 본질이 가려지기 때문이다.
두레수도원 존재목적의 첫째는 영성을 높이는 것이다.
병이 치유되는 역사는 영적 회복에서 얻어지는 부수적인 열매다.

스베덴보리의 위대한 선물

이 책은 17세기 스웨덴의 물리학자 스베덴보리의 영계 체험기다. 스베덴보리(1688~1772)는 웁살라대학에서 수학, 천문학, 생리학 등 광범위하게 자연과학을 연구하여 당시 뉴턴에 버금가는 최고의 과학자로 인정받았다. 그의 학문의 깊이는 아인슈타인보다 200년 앞서 상대성이론의 윤곽을 발표할 정도였고, 150여 편의 과학서와 논문을 저술했다.

그가 57세 되던 1745년 어느 날, 런던 여행 중에 자려고 침대에 누웠는데 방 안으로 대낮같은 빛이 비쳐들더니 한 신비스런 인물이 다가와 말했다.

"나는 당신을 영의 세계로 초청하기 위해 하나님이 보내신 사자입니다. 그곳에서 보고 듣는 모든 것을 기록하여 지상의 사람들에게 낱낱이 전하시오."

그길로 그는 영안이 열려 84세에 숨질 때까지 27년간 영계를 자기 집처럼 수시로 드나들며 남다른 체험을 쌓았고 낱낱이 기록으로 남겼다. 그를 추종하는 후배들이 그의 방대한 영적체험기를 요약하여 읽기 쉽게 편집한 책이 〈스베덴보리의 위대한 선물〉이다.

그는 영적인 세계를 체험한 이후로 모든 과학서적을 멀리하고 책상 위에 성경만을 펼쳐놓고 영계를 탐구하는 데 집중하였다.

그의 과학 재능을 아까워하는 지인들에게 그가 말했다.

"나와 같은 과학자는 얼마든지 있을 수 있다. 그런데 영계의 진리를 알고 보니 이는 인류의 영원한 생명이 걸린 문제다. 내가 전하는 영계의 비밀에는 인간이 사후 천국에 가느냐, 지옥에 가느냐가 달려 있다. 이 특별한 소명은 내가 과학자로 공헌하는 것보다 수천 수만 배 더 중요하다. 그리고 나 외에는 이 사명을 감당할 사람이 없다. 나는 모든 과학의 시조이기도 한 창조주로부터 소명을 받은 것이다."

그가 어느 날 유럽 명사들의 모임에 초청받았다.

모임에서 누가 장난삼아 물었다.

"당신이 영적인 도가 깊다 하니, 여기 모인 사람들 중에 누가 가장 빨리 죽을지 맞춰보시오."
스베덴보리는 잠시 묵상 후 가장 젊은 백작을 지목했다.
모인 사람들이 웃으며 농담하지 말라고 하였다.
그러나 다음 날 그 젊은 백작이 심장마비로 죽었다.

그는 자신이 죽을 날도 1772년 3월 29일임을 미리 알리고는
마치 이웃마을에 나들이 하듯이 천국으로 옮겨가는 죽음을 맞았다.
그가 당대와 후대에 끼친 영향은 대단하여 1780년대 스베덴보리 학회
가 생겼고, 헬렌 켈러도 그의 영계 탐험기를 읽고는 더 이상 장애를 가
진 것이 슬프지 않고 죽는 것도 두렵지 않다고 했다.
그리고 그의 절친한 친구였던 독일의 철학자 임마누엘 칸트는
〈스베덴보리의 영적체험연구〉라는 저서를 남기기도 했다.

그가 인류에 끼친 공헌은 3가지다.
첫째, 죽음이 삶의 끝이 아니라 죽음 이후 더 큰 생애가 있고
그것이 진짜 삶임을 알렸다.

둘째, 사람들로 하여금 하늘을 쳐다보고 깨닫게 하고
그 다음 땅을 바라보고 실천할 마음을 품게 하였다.
그는 영생을 얻는 길, 천국에 가는 길이
하늘에 있는 것이 아니라 땅의 삶에 있음을 증거하였다.

셋째, 그는 입산수도 대신 건전한 사회생활을 강조하였다.
건전한 사회생활의 3대 요소로 민주적인 시민생활,
투명한 도덕생활, 경건한 영적생활을 들었다.

동두천 두레마을

천국의 증거

우리 시대 인물의 천국 체험기를 하나 더 소개한다.

하버드대학 교수인 이븐 알렉산더가 쓴 〈나는 천국을 보았다〉이다.
영문 제목은 '천국의 증거 Proof of Heaven'다.
뇌과학자인 알렉산더 교수는 불치병에 걸려 결국 죽고 말았다.
의학적으로 분명히 사망진단을 내렸는데 5일 만에 깨어났다.
그런데 그가 죽어 있던 5일간의 체험을 이야기하였다.
세계적으로 저명한 뇌의학자가 천국에 다녀온 이야기를 하니
사람들이 믿지 않을 수가 없었다.

그도 죽기 전에는 천국과 지옥을 하나의 상징으로 생각하고 그렇게 강의하였다. 그러나 죽은 후 천국으로 가서 너무나 생생한 체험을 하고서는 깨어난 이후, 천국과 지옥을 실재하는 세계로 확신케 되어 사후세계를 열심히 전했다.

이들이 남긴 영계의 체험이야기를 읽노라면
우리가 살아가는 세계는 이승의 세계, 땅의 세계만 있는 것이 아니라
사후의 세계, 하늘의 세계가 분명히 존재한다는 사실을 실감케 된다.
위대한 사도 바울은 이 점에 확신을 품고 말했다.

> 만일 그리스도 안에서 우리가 바라는 것이 다만 이 세상의 삶뿐이면
> 모든 사람 가운데 우리가 더욱 불쌍한 자이리라 - 고린도전서 15:19

나도 형님을 통해 천국이 있음을 확신하게 된 경험이 있다.

나보다 4살 위인 형님은 인물 좋고 마음씨 좋은 호인이었다.
그런데 어릴 때 일본에서 초등학교를 다니면서 '조센징'이라고 왕따를
당하고, 후에 한국에 와서는 또 '쪽바리'라고 연거푸 따돌림 당하면서
마음의 상처를 크게 입었다. 그러더니 군대에 갔다 와서는 정신병 증세
를 보이기 시작하였다.

어머니가 차려주신 밥에 독약이 들었다고 코를 킁킁대고, 한밤중에 칼
을 들고 와서는 어머니를 보고 마귀라며 찌르라고 하질 않나, 형님 때
문에 우리 집은 아수라장이 되었다. 원래 집에 정신병자가 있으면 다른
식구들도 반 정신병자가 된다. 차라리 형이 교통사고라도 나서 죽었으
면 좋겠다 싶을 만큼 온 식구가 고통을 당했다.

견디다 못해 정신병원에 입원을 시켰지만 서너 달 후 입원비가 부담되
어 다시 퇴원시키면 증세가 도졌다. 갈수록 심해지더니 마침내 육신마
저 병이 들어 황달로 눈이 샛노래지고 몸이 부어오르기 시작하였다.
대구 동산병원에 가니 의사가 "일주일을 넘기기 어렵습니다. 장례준비
를 하시지요" 했다.

그 말을 들은 누님 동생 나, 셋이 모여 단합대회를 열었다.
"이제 형님 장례 끝내면 우리 새출발하자.
삼남매가 합심해서 어머니 잘 모시고 집안을 일으키자."
우리는 새로운 의욕이 솟았다. 그런데 뜻밖에도 어머니가 여행채비를

갖추고 집을 나서시는 게 아닌가.
"형 일로 고향 좀 다녀오마."
어머니는 이틀 후 큰 보퉁이를 머리에 이고 오셨다.
"고향 가서 형에게 좋다는 약을 캐왔다.
죽어가는 자식을 어찌 그냥 보고만 있겠느냐."
펼쳐보니 쑥뿌리·익모초·도라지·더덕·엉겅퀴 등이 가득했다.
어머니는 그 풀뿌리들을 씻어서 솥에 넣고 물을 가득 부어 이틀 동안 달였다. 새까맣게 우러난 물을 형이 세 사발 들이켜더니 황달이 감쪽같이 나아버렸다.

우리 세 남매의 낙담은 말로 표현하기 어려울 정도였다.
정신병은 남겨두고 황달만 고치면 어떡하나!
우리는 형의 정신병을 견디다 못해 다시 기도원에 보냈다.
몇 달 후 찾아가보니 형이 두려운 눈길로 사방을 둘러보며 말없이 울기만 했다. 이상한 생각이 들어 형의 윗옷을 벗겨보니 온 몸에 매 맞은 자국이 끔찍했다. 귀신을 쫓아낸답시고 환자들을 몽둥이로 무지막지하게 매질한 것이다.

그 모습을 보고 우리는 숙연해졌다.
"앞으로는 힘들어도 우리가 일주일씩 당번을 정해서 불쌍한 형님을 잘 돌봐드리자. 그래야 나중에 후회가 없을 거야."
형과 함께 목욕탕도 다녀오고, 손톱발톱을 깎아주고, 성경도 읽어주며

손 맞잡고 기도드리기를 4개월여 계속했더니 변화가 일어났다. 형이 점점 좋아지기 시작한 것이다. "나도 이제 건강이 좋아진 걸 스스로도 느낀다. 너희들 그동안 애써줘서 고맙다."

그러나 다시 간경화증이 와서 형은 그 후 오래 살지 못했다.
형님이 세상을 떠나던 날이었다.
아침에 세수하다가 피를 왕창 토하더니, 숨을 거두기 10분 전부터 이변이 일어났다. 온 얼굴에 신비스러운 미소가 번지며 행복에 넘치는 목소리로 말했다.
"나 오늘 예수님나라로 간다. 동생들 그동안 나 때문에 고생 많았지? 가서 예수님께 동생들 잘 봐달라고 부탁드릴게.
여기서는 못 갚지만 예수님나라 가서 갚도록 할게."

나는 형의 그런 임종 모습을 대하고 가슴이 떨리도록 충격을 받았다.
그리고 기쁨이 넘치는 형님의 얼굴을 보고 생각했다.
'아, 우리 형님은 성공하셨구나!'
10년을 정신병으로 고통당했어도, 평생을 밑바닥에서 헤맸어도
죽을 때 저렇게 죽을 수 있다면 그것이 바로 성공이라는 생각이 들었다.

형님은 만면에 미소를 머금고 말했다.
"동생들, 찬송 한 곡 불러줄래?"
"예 형님, 무슨 찬송 부를까요?"

"'내 영혼이 은총 입어'를 불러주렴."
우리 가족이 선창하자 형님이 따라 불렀다.

> 높은 산이 거친 들이 초막이나 궁궐이나
> 내 주 예수 모신 곳이 그 어디나 하늘나라
> 할렐루야 찬양하세 내 모든 죄 사함받고
> 주 예수와 동행하니 그 어디나 하늘나라

3절을 부를 때 형님은 숨을 거두었다.
넘치는 웃음을 띤 채 창문을 향해 손을 내밀더니 앉은 자세로 한 마디 말을 남겼다. "예수님이 마중 나오시네!"

형님의 임종은 내 가치관과 삶의 방향을 바꿀 만큼 큰 충격과 감동을 주었다. 그 뒤로 나는 죽는다는 것이 참 좋은 것이라는 신념을 갖게 되었다. 살아 있는 동안은 그리스도의 이름으로 맡겨주신 일을 열심히 하다가, 죽음을 맞으면 하늘나라 예수님 곁으로 가서 편히 쉬는 것이라는 확신을 얻었다.

오늘도 숱한 사람들이 이 땅이 전부인 줄로만 알고
땅의 일에 매여 아등바등하고 있다.
땅의 세계를 넘어 하늘의 세계가 존재함을 알아서
땅에서 하늘로 가는 길 닦는 일에 관심을 두는 삶을 살아야 한다.

거룩한 독서 추천목록

앞서 소개한 책들 외에도 두레수도원에서 금식수련을 마치고 돌아갈 때 20여 권에 이르는 양서의 목록을 제공한다.
각 가정에 비치하고 수시로 읽기를 권한다.
최근 예일대학 연구팀이 학술지 〈사회과학과 의학〉 9월호에 발표한 연구결과를 보면, 책 읽는 사람이 독서하지 않는 사람보다 수명이 더 길다고 한다. 독서에 몰입하면 인지기능이 강화되어 수명이 늘어난다고 하니, 건강하게 오래 살고 싶으면 책을 많이 읽을 일이다.

1. 〈그리스도를 본받아〉 토마스 아캠피스. 크리스천다이제스트
2. 〈기독교강요 1,2,3권〉 존 칼빈
3. 〈로마서 연구 1,2권〉 우찌무라 간조. 크리스챤서적
4. 〈스베덴보리의 위대한 선물〉 임마누엘 스베덴보리. 다산초당
5. 〈나는 천국을 보았다〉 이븐 알렉산더. 김영사
6. 〈새벽을 깨우리로다〉 김진홍. 홍성사
7. 〈기도〉 작자미상. 대한기독교서회
8. 〈힐링코드〉 알렉산더 로이드, 벤 존슨 공저. 시공사
9. 〈죽음의 수용소에서〉 빅터 프랭클. 청아출판사
10. 〈스위스에서 배운다〉 장철균. 살림
11. 〈창조경제, 이스라엘에서 배운다〉 최종태 외. 포스코경영연구소
12. 〈뜻으로 본 한국역사〉 함석헌. 한길사
13. 〈정상적인 그리스도인의 생활〉 워치만 니. 생명의말씀사

14. 〈창업국가〉 댄 세노르. 다할미디어
15. 〈프로테스탄트 윤리와 자본주의 정신〉 막스 베버. 현대지성
16. 〈권력의 법칙〉 로버트 그린. 웅진지식하우스
17. 〈패권의 비밀〉 김태유. 서울대학교출판문화원
18. 〈공동체와 성장〉 장 바니에. 성바오로 출판사
19. 〈박정희는 어떻게 경제강국 만들었나〉 오원철. 동서문화사
20. 〈독립정신〉 이승만
21. 〈도산 안창호 평전〉
22. 〈백범일지〉 김구
23. 〈난중일기〉 이순신
24. 〈목민심서〉 정약용
25. 〈징비록〉 류성룡

상담과 교제

두레 금식수련 중에는 참가자들이 나와 가까이 만나는 시간이 있다.
먼저 조별로 5, 6명이 내 서재에 둘러앉아 차를 마시면서 한 사람 한 사람의 살아가는 이야기를 나눈다.
한 시간 가량 서로의 삶을 나누다 보면 사람이 한 평생 살아가는 길이 쉬운 것이 아님을 실감케 된다. 모두들 어려운 중에서도 하나님을 붙들고 교회를 섬기며 열심히 살아가는 모습이 대견하기도 하고 마음이 짠하기도 하다.

서재교제 후에는 나와 일대일로 기도하는 시간을 갖는다.
두레마을 숲속의 잣나무 위에는 아담한 트리하우스가 있다.
내가 기도실로 쓰는 집이다.
한 평이 채 못 되어 두 사람이 마주앉으면 꽉 차는
말하자면 세상에서 가장 작은 교회다.

트리하우스 기도실

그 방에서 나는 참가자 한 분 한 분을 따로 만나서 대화하고 안수기도를 행한다. 아늑한 나무 위의 집에서 가정의 일, 섬기는 교회 일, 직장의 일들을 허심탄회하게 나누다보면 저절로 눈물이 흐르는 경우가 많고, 무릎 꿇고 기도 받는 중에 방언이 터지거나 진동이 오거나 하늘이 열리는 체험을 하기도 한다. 그 시간이 그렇게 은혜롭다.

요즘 살아가는 나날이 모두 삭막하고 바쁘고 지쳐 있어
이런 안식과 회복과 재충전의 기회가 꼭 필요함을 느끼게 된다.
참가자들은 두레 금식수련 중의 상담과 교제의 시간이
은혜의 시간이요, 힐링의 시간이요, 축복의 시간이라 고백한다.

게다가 10일 동안 영성공동체를 이루어 함께 기도하고 산행하고 대화하는 동안에 참가자들 간에도 깊은 코이노니아(교제)가 이루어진다. 지난 50여 회의 금식수련마다 마치고나면 기수별로 모임을 만들어 금식 후에도 끈끈한 관계를 이어가며 영적 동지애를 나눈다.

최근 들어 두레수도원에서는 재가수도(在家修道) 프로그램을 실행하고 있다. 금식기도수련을 마치고 귀가한 후 계속 참가자들과 관계를 맺으며 건강상태 등을 점검하고 삶을 지도해나가는 과정이다.
각자의 가정과 일터로 돌아간 후에도 영적 수련을 이어간다는 점에서 기대 이상의 큰 효과가 있어 앞으로 더 깊게 발전시켜 나가려 한다.

금식기도의 근본목적은
살아계신 하나님을 만나서 영적으로 새로워지는 데 있다.
성령 받아 기쁨충만, 은혜충만, 감사충만의 경지로 나아가는 것이다.

5장

참가자 소감문

두레수도원 금식수련회 참여자들은 수련이 끝난 후 한결같이 이렇게 말한다. "어떻게 10일간 물만 마시면서 날마다 산행을 해도 이렇게 몸과 마음이 가뿐하고 힘이 나는지, 이 자체가 기적이요 이보다 더 즐거울 수가 없다."

두레 금식수련이 시작된 지 10년 가까운 세월동안 천 명이 훌쩍 넘는 인원이 이런 행복을 맛보았다. 그래서 매년 한 번씩 9번이나 온 사람도 있고, 자신이 참가한 후에 감동하여 아내와 남편, 자녀와 친구에게 적극 권하여 보내는 이들이 많다.

그 중 몇 분의 소감문을 소개한다.

최○○ 박사 치과 의료선교사

평생 천식으로 고생해왔던 치과의사에게 몇 해 전 내가 10일금식을 권하였다. 10일 간의 금식기도수련 후 수십 년간 시달려온 천식이 씻은 듯이 사라졌다. 나에게 고맙다는 인사를 거듭거듭 전하더니 받은 은혜를 갚겠노라며, 잘 운영되던 치과병원을 정리하고 북한 국경 가까이에 있는 중국 연변지역에 의료선교사로 헌신하였다.

그의 소문이 중국에서 북한 땅까지 전해져 북한의 초청을 받아서 북한에 병원 지점을 열고 봉사하고 있다.

박용부 장로 2013년 10월. 두레 금식수련회 8회

나는 간경화 환자였다.
어머니로부터 B형 간염바이러스를 안고 태어났는데, 40세까지는 잠복해 있다가 양성반응을 보인 이래로 늘 조심하라는 의사의 권고를 받았다. 그러나 40대 한창 일할 나이에 무리하지 않을 수 없었다.
40대 후반부터 간염바이러스가 활동하기 시작하더니 50대에 들어 간경화로 진단되었다. 어머니가 59세에 간암으로 소천하신 가족력이 있던 터라 더욱 걱정이 되었다. 신촌 세브란스 병원에 3개월마다 검진을 받으며 항바이러스제를 3년간 투약하고 살다가 동두천 두레수도원에서 열리는 10일금식훈련에 참여하였다.

금식이라곤 처음 해보는 터라 매우 비장한 마음이었다.
10일간 물만 마시면서도 매일 7킬로미터 산행을 하고 천조운동을 하면서 진행되는 일정에 최선을 다해 참여했다.

김진홍 목사님이 인도하시는 하루 두 번의 성경공부는 큰 힘이 되었다. 이명완 목사님이 하루 세 번씩 실시하는 힐링코드는 하나님으로부터 치유의 광선이 나의 병든 간에 임하시기를 기도드리며 따라했다.

10일 금식훈련이 끝난 후 세브란스 병원에서 검진 받을 때 초음파 사진에 나타나는 내 간은 이전과 전혀 다른 모습이었다. 말끔히 치유되어 깨끗해졌다. 그리고 항원이 양성에서 음성으로 바뀌었다.
나는 하나님께서 10일금식기도 중에 나를 치유하셨음을 확신한다.
이제 남은 삶은 건강해진 몸으로 주님께서 기뻐하시는 일을 하고 싶다.

미네랄바이오 강석창 회장 2020년 1월. 43회

막연하게 금식이 좋다는 건 알고 있었지만 실제 그 효과가 어떤지 궁금하여, 평소 〈새벽을 깨우리로다〉를 읽고 존경하던 김진홍 목사님의 두레수도원 금식수련회에 참가하게 되었다.
나도 기업을 운영하는 사람이지만 80연세에도 열정적이고 긍정적으로 사역을 펼쳐나가시는 모습에 큰 감동을 받았다.

나는 10살 때 오래된 과자를 먹고 나서 식중독 증상으로 온 몸에 두드러기가 심하게 나는 '만성 담마진'이란 피부병에 걸려 평생을 고생했다. 가렵고 벌겋게 부풀어 올라 3일만 약을 먹지 않으면 증상이 재발해서 약 없이는 살지 못할 정도였다. 이 병 때문에 군대도 6개월 만에 제대했을 만큼 심각했다.

그런데 아침저녁으로 김진홍 목사님의 말씀을 듣고 틈나는 대로 기도하면서 금식하는 동안, 전혀 약을 먹지 않았는데도 두드러기 증상이 나타나지 않았다.

그리고 금식을 마친 후 몇 달이 지나도록 전혀 재발하지 않아 약 없이 사는 기적을 체험했다. 이렇게 50년이나 된 고질병은 쉽게 낫지 않는데, 10일금식으로 씻은 듯이 사라졌다는 것이 그저 놀라울 뿐이다.

우리가 성경에서 말씀하신 원칙대로, 가공하지 않은 자연 그대로의 음식을 먹으며 바른 식생활을 할 때 질병 없이 살 수 있고, 더구나 금식할 때 면역력이 높아져 병이 치유된다는 삶의 원칙을 다시 한번 깨달은 귀한 경험이었다. 사업으로 바쁜 일상이지만 앞으로도 정기적으로 금식하며 영과 육의 건강을 관리해야겠다는 생각이 든다.

최○○ 청년 2017년 6월. 35회

나는 올해 스무 살이다. 사실 아버지께서 꼭 가라고 하셔서 이번 금식수련회에 오게 되었다. 금식 자체가 이번이 처음이었다. 그래서 이곳에 올 때는 두려운 마음도 많았고 익숙하지 않은 금식에 둘째 날이 제일 힘들어 포기하고 집으로 가고픈 마음도 있었다. 그러나 기도하고 김진홍 목사님의 성경공부를 통해서 버텨나갔다. 3일째부터는 금식이 즐거워졌고, 산행을 통해 주님과 동행하는 것이 기쁨이 되었다.

배고픔은 서서히 잊혀져가고 대신 성령의 양식이 나날이 쌓여감을 느꼈다. 나는 지금껏 세상의 유혹에 빠져서 해서는 안 될 행동을 하고 살았다. 하지만 이번 금식수련을 통해 주님 앞에 모든 것을 내려놓고 진심으로 회개하며 치료받기를 기도했다.

힐링코드와 천조묵상을 통하여 몸과 영이 회복되어감을 느꼈고, 말씀과 기도를 통해서 하나님을 바로 알고 또 하나님과의 깊은 만남을 가졌다.

이번 금식수련회는 주님과 나 사이의 관계가 회복되고, 또 좋은 분들을 만나 교제하는 뜻깊은 시간이었고, 내 인생의 터닝포인트가 된 것 같다. 두레수도원에서 주 안에서 누리는 진정한 힐링을 경험했고, 신앙의 회복과 건강의 회복을 안고 돌아가게 되어 감사하다. 나처럼 젊은 청년들도 두레 10일금식수련을 꼭 한번 경험해보기를 바란다.

김○○ 목사 2013년 5월. 7회

목회를 하면서 금식기도의 필요성을 절감하면서도 실천하지 못하고 있었다. 혼자서 몇 차례 금식기도를 시도하다가 오히려 건강을 해친 적도 있다. 그런데 이번에 두레수도원에서 열린 10일금식수련에 참가하면서 큰 은혜와 감동을 받았다. '10일금식이 이렇게 쉽고 재미있을 수 있을까?' 하고 느낄 정도였다. 여러 원인이 있겠지만 두레수도원만의 기도로 준비된 금식프로그램이었기에 가능했다는 생각이 든다.

아침저녁으로 열리는 김진홍 목사님의 성경강해가 무엇보다 좋았고, 금식기간 중에도 날마다 이어지는 7킬로미터의 산행은 너무나 독특하면서도 체력을 향상시키는 백미였다.
이번 10일금식수련은 나의 목회일생에 큰 전환점이 되었음을 확신하며, 귀한 기회를 허락하신 하나님께 감사드린다.

김재연 목사 2019년 11월. 42회

나는 건축공학을 전공한 공학박사로, 늦은 나이에 신학을 공부하고 목사안수를 받았다. 그러나 목사라는 '거룩한 부담감' 때문에 목사직을 반납하려고 했지만 그렇게 할 수 없다하여 체념하고, 목사로서 무엇을 어떻게 하나님께 헌신해야 할지를 몰라 길을 잃고 많이 방황하였다.
이곳에 온 목적은 내가 목사로서 감당해야 할 사명이 무엇인지를 깨닫는 것이었다.

김진홍 목사님과의 개인면담에서 "목사로서 무슨 일을 하지 않더라도 신앙생활 잘하면 되지 무엇을 걱정하느냐"는 말씀에 자유함을 얻었다. 그리고나서 하나님께 내가 가야할 길을 열어달라고 간절히 기도했다. 결국 하나님께서 나에게 주시는 사명과 해야 할 목표를 응답받았다.
너무나 기쁘다.

10일금식 영성훈련을 통해 더러운 마음을 회개하고, 이제는 그리스도의 제자로 천국백성답게 부끄럼 없는 삶을 살아가겠다고 다짐해본다. 귀한 자리에 초대해주신 하나님께 감사드린다.

편집자 강미경

두레 금식수련회에 어쩌다 보니 8번을 갔다.
처음 간 것이 2015년이니 벌써 5년째 '단골'인 셈이다.
굽이굽이 산길을 오르고 또 오르니, 구름이 눈높이에 떠다니는 하늘 가까운 곳에 아늑하게 자리잡은 두레수도원은 속세 한켠에 마련된 천국이었다. 아, 오길 참 잘했구나. 단박에 마음이 푸근해졌다.

그래도 열흘씩이나 굶어야 한다니 나름 죽음을 각오하다시피 비장한 심정으로 왔건만, 다년간 축적된 경험과 탄탄한 이론을 토대로 잘 짜여진 프로그램을 따라가다 보니 배고플 겨를도 없이 시간은 잘도 흘렀다.

두레 금식수련회가 무엇보다 탁월하고 감사했던 점은, 야속하게 찬 맹물만 먹이지 않고 두레수도원을 포근히 감싸 안고 있는 왕방산, 그 옛날 왕이 친히 방문하여 이름 붙였다는, 그래서 하늘임금님이신 우리 하나님께서 늘 상주해 계시는 곳으로도 손색없는 이름의 산에서 자생한 무공해 뽕잎을 일일이 따다가 뜨끈하게 끓여주는 것도 모자라, 수십 가지 산야초를 발효하여 두레에서 직접 생산한 명품효소까지 타먹도록 배려해주는 것이다.

칼로리로 따지자면야 하루에 겨우 백 칼로리 남짓이지만, 기운 뚝뚝 떨어져 더는 못 견디겠다 싶을 때마다 구수한 뽕잎차에 달큰한 효소를 한 모금 타서 마시면 진하게 우린 사골육수를 들이킨 마냥 힘이 불끈 솟으니, 10일금식을 거뜬히 해내게 하는 두레만의 차별화된 사랑이요, 요즘말로 신의 한수였다.

여하튼 이 산골짜기까지 열흘씩이나 금식을 작정하고 올라왔을 때는 기필코 응답받지 않으면 안 되는 절박한 기도제목이 있어서인데, 천국 같은 산속에서 잠시나마 세상시름 다 내려놓고 좋은 사람들과 더불어 지낸 시간은 말 그대로 힐링 그 자체였지만, 꼬박 열흘을 다 채우도록 아무런 응답이 없었다.

내심 눈물이 날만큼 허탈하고 허전하여 '내가 다시는 오나봐라' 야속한 마음을 안고 내려가는 길 기차 안. 두레에서 필독서로 주신 〈예수의 기도〉 책을 절반쯤 읽어가는 가운데 갑자기 하늘이 열리더니 뜨거운 기운이 가슴속으로 쑥 들어오면서 "주님, 어떻게 할까요?" 간절히 여쭈었던 기도에 "이렇게 하면 된다!"는 너무나도 분명한 응답이 떨어졌다.
얼마나 감격스럽고 감사했는지 양 볼이 데일만큼 뜨거운 눈물을 한참 펑펑 쏟고는, 그 응답대로 실행했더니 과연 수년간 고민했던 문제가 시원하게 풀리는 경험을 했다.

금식기도의 단맛을 그렇게 보고나니, 사실 금식 6일째가 넘어가면서 점점 힘이 난다는 분들도 있지만 나는 너무도 배가 고파 "두 번은 안 오리라" 작심했건만, 깊은 기도가 또 고파질 때면 내 발걸음은 어느새 두레수도원으로 향했다.

그러면 내가 기도한 제목에 응답을 주시든가, 그렇지 않을 땐 기대치도 못한 좋은 사람을 만나게 해주시든가 또는 생각지도 못한 거금의 돈을 보너스로 주시든가, 여하튼 어떤 식으로든 금식하며 간절히 기도드린 수고에 보상(?)을 해주셨지 한 번도 '허탕'치게 하신 적이 없기에, 나는 또 어느 날 두레 금식수련회에서 뽕잎차와 효소를 그 어떤 진수성찬보다 맛나게 즐기며 뜨겁게 기도하고 있을 게 틀림없다!

금식수련회를 무사히 마치고

제44회 10일 금식수련회 일정

구 분	6월4일(목)	6월5일(금) - 12일(금)							1월13일(토)
7:00-7:30	두레 영성금식수련회에 오신 것을 환영합니다	아침기도회							닫는 예배
8:50-9:00		찬 양							
9:00-10:30		김진홍 목사님과 함께 말씀 속으로							
10:30-11:00	2020년 입 소 & 등 록 & 검 진	몸풀기		7일 (주일) 주일예배	천조로 몸풀기				
11:00-11:50		트리하우스기도회 1조	트리하우스기도회 2조		트리하우스기도회 3조	트리하우스기도회 4조	특강 최동묵 목사	힐링콘서트 with 백철현 목사	금식 후 관리
12:00-3:00		독서를 통한 기도			독서를 통한 기도				죽 파티
3:00		산 행 (금식기간동안 황토면역치유체험 2회)							세상을 향하여 출발 ...
6:00-6:50	여는 예배								
6:50-7:00	나를 소개 합니다	찬양으로							
7:00-8:30		김진홍 목사님과 더 깊은 데로 *수요예배(10일)							
8:30-9:00		천조로 몸풀기							
9:00 -		취침과 회복의 기도 회복의 기도는 본당 예배실에서 자유롭게					8일(목) 간세척 취침	10일(금) 애찬식 취침	*프로그램은 사정에 따라 변경될 수 있습니다

하늘이 열리는

경기도 동두천시 쇠목골 413
전화 031 859 6200
www.dureabbey.org

닫는 글

이 시대는 너나 할 것 없이 너무나 바쁘게들 살아간다.
그러다보면 성도의 정체성을 잃고 급기야 영과 육의 건강마저 잃게 된다. 그런 함정에 빠져들지 않도록 자신을 지키는 지름길이 금식수련이다. 10일간 또는 4일간 음식뿐 아니라 세상사를 잠시 끊고 성령님의 임재하심을 누리는 시간이야말로 다른 무엇에 비교할 수 없는 복된 기회이다.

두레수도원에서는 2012년 1월에 첫 10일금식수련을 시작한 이래로 지금까지 50여 회 진행해 오는 동안 기대 이상의 열매를 거두어왔다. 참가자들이 영적으로 새로워진 것은 물론
건강상으로도 두드러지게 치유와 회복을 경험하였다.

이렇게 좋은 결과를 얻을 수 있었던 이유를 세 가지로 생각한다.

1. 모두 심신이 지쳐 있는 시대에 몸과 마음의 안식을 첫째 목표로 하는 두레 금식수련이 시대의 요청에 부합하기 때문이다.
2. 일정이 안식, 말씀, 기도, 운동, 독서, 교제 등으로 균형 있게 짜여 있기 때문이다.
3. 형식적·인위적인 틀에 매이지 않고 물 흐르듯 자연스런 분위기에서 영성의 본질을 추구하기 때문이다.

개신교가 말씀과 실천에 강한 자랑스러운 전통이 있으나, 한 가지 부족한 면이 경건의 훈련과 더불어 육체의 훈련을 쌓아가는 영성수련 과정이다. 이 점이 앞으로 한국교회의 질적 향상을 도모할 수 있는 핵심사항이라 본다.

두레수도원은 금식수련을 비단 크리스천뿐 아니라 국민 전체에 그 효과를 알리고 참여를 권하는 국민운동 수준으로 발전시켜 나가려는 꿈을 품고 있다.

늦은 나이에 두레수도원을 설립하여 이런 좋은 수련회를 실행해 나갈 수 있다는 것이 감사하고 자랑스럽다.
교회와 겨레를 위한 일에 쓰임 받고 있다는 사실에 큰 보람을 느낀다.

두레수도원
목사 김진홍

왕방산의 십자가 나무